一生中最重要的七项资产

李 昊◎编著

中国商业出版社

图书在版编目（CIP）数据

一生中最重要的七项资产 / 李昊编著. —北京：中国商业出版社，2005.4

ISBN 978-7-5044-5384-6

Ⅰ. 一…　Ⅱ. 李…　Ⅲ. 成功心理学—通俗读物　Ⅳ. B848.4-49

中国版本图书馆 CIP 数据核字（2005）第 037741 号

责任编辑：唐伟荣

中国商业出版社出版发行
010-63180647　www.c-cbook.com
（100053　北京广安门内报国寺 1 号）
新华书店经销
北京紫瑞利印刷有限公司印刷
*
710 毫米 ×1000 毫米　16 开　12 印张　180 千字
2005 年 5 月第 1 版　　2020 年 6 月第 2 次印刷
定价：38.00 元

*　*　*　*

（如有印装质量问题可更换）

前言
Preface

人生最大的悲哀不是失去生命，而是等到快要失去生命的时候才认识到人生最重要的资产是什么。

笔者曾见到有人对多位病危老人的采访，其中很多老人都对自己的人生表示了遗憾，尽管他们有人曾取得过骄人的业绩。虽然现在这其中许多老人都离开了我们，但他们的话语却言犹在耳，值得我们再三思考。通过阅读老人们的谈话，笔者总结出他们认为人生最宝贵的七项资产分别是：健康、财富、智慧、婚姻和家庭、友谊、心灵、生命的意义。

这七项，每一项都影响着我们的生活，每一项都至关重要，其中任何一项做得不够好，都可能影响到我们生命的完整性。然而，大多数人都认识不到它们的重要性，单凭个人喜好追求着片面的人生，他们或许失去了健康换取了财富，也或许拥有了财富却失去了婚姻和家庭……无论如何，当他们步入老年，就理解了那上千位老人的悲哀：没有健康的人生是痛苦的；没有财富的人生是寒酸的；没有智慧的人生是愚钝的；没有美好婚姻和家庭的人生是凄凉的；没有友谊的人生是孤独的；没有心灵的人生是形式的；不懂生命的意义的人生是虚无的！

人生重要的七项资产，一项都不能少！

目录
Contents

等到你最后登上顶峰时，也许你会羞愧地发现，如果你具有找到正确道路的智慧，本有一条阳关大道可以直达峰巅。

正如著名作家欧·亨利说的那样：“一个聪明的脑袋价值连城！”

幸福的婚姻将为我们的成功添上双翼，在我们彷徨失意的时候，也可以在这个避风港里得以安慰与休整。

“久旱逢甘霖，他乡遇故知”是歌，是人生存于苍茫天地间，幸遇故知的喜悦之歌；“桃花潭水深千尺，不及汪伦送我情”是曲，是友人间执手相惜的真诚之曲。

友谊——在人的一生中跨越生死，比财富有过之而无不及。

我们无法把握世界，却可以体验世界，珍视自我。“深入心灵迷宫的最深处，体会真、善、美带给自己内心的丰富圆满。”这句话应当成为一个有追求、有理性，而又至情至性的人的座右铭。

有的人只有在生命的最后一刻，才能明白自己应该珍惜的是什么，才能真正发现性格在一生中所起到的作用，才能懂得生命的意义在于不断的追求。

第一章
健康：人类的“第一资产”

健康之神在阳光里生活，在大海里游泳，在野外呼吸着清新的空气。

四十岁之前，你用健康换得财富；四十岁之后，再多的财富也换不回你的健康。健康当之无愧地成为我们人类的“第一资产”。

一、每天进步一点点

1. 你我都可能是“亚健康人”

根据世界卫生组织的一项全球调查结果显示，全世界真正健康者仅5%，找医生诊病者约占20%，剩下的75%属于“亚健康”人群，这也是一种“病态”。

“亚健康”主要表现在身心情感方面，是处于健康与患病之间的健康低质量状态。“亚健康”状态是身体发出的一个信号，提醒你该注意了。

“亚健康”的10个原因：

（1）交通拥挤，办公桌太靠近，造成人们生活和工作空间过分窄小。

（2）空气、垃圾、工业噪音和辐射等污染，严重损害人们的生存环境。

（3）工作过量，身心透支，人成为金钱的奴隶。

（4）工作跟不上社会发展的人，面临被淘汰的威胁，为了保住饭碗，不得不承受沉重的压力和矛盾。

（5）信息爆炸，变化加速，人们只得终身学习，掌握新知识，创造新思维，不得闲暇。

（6）人际关系因各种利益冲突变得复杂，使每个人建立和处理人际关系时变得更加谨慎和困难。

（7）机械化的生活、工作和学习，占据了人们的大部分时间，使人与人之间的情感交流相对减少。

（8）社会生活的复杂性、多变性，给人们的恋爱、婚姻、家庭生活的稳定带来更多冲击，使人们的情感联系减少，从而降低了人们对情感生活的信心。

（9）人们自身的某些不足和遗憾，往往成为自我折磨的理由。

（10）生命的脆弱，在深层次上减弱了人们奋斗进取的激情，有人会觉得生命荒诞或无谓。

了解了“亚健康”状态的缘由后，你是否感觉到自己曾有上述的心理状态？其实，这是一种非常容易被人们忽略的状态，但只要稍微在生活中留意一下，便会发现许多细节已在为我们的健康敲响警钟。

给自己打分：

早上起床时，有持续的发丝掉落。（5分）

情绪抑郁，常对着天空发呆。（3分）

记不起昨天想好的事，而且最近经常有这种现象出现。（10分）

害怕走进办公室，觉得工作令人厌倦。（5分）

不想面对同事和上司，有一种自我封闭的渴望。（5分）

工作效率明显下降，上司已表达了对你的不满。（5分）

每天工作一小时，就感到身体倦怠，胸闷气短。（10分）

工作情绪始终不高，最令自己不解的是：无名火很大，但又没有精力发作。（5分）

进餐减少。排除天气因素之外，即使口味非常适合自己的菜肴，也食不知味。（5分）

盼望早点儿逃离办公室，能够回家躺在床上休息。（5分）

对城市污染、噪声非常敏感，比常人更渴望到有山有水的宁静处，放

松身心。（5分）

不再像以前一样热衷于朋友的聚会，有一种强打精神、勉强应酬的感觉。（2分）

晚上经常睡不着觉，即使睡着了，也老是做梦，睡眠状态很糟。（10分）

体重明显下降，早上起来，发现眼眶深陷，下巴突出。（10分）

感觉免疫力下降，容易伤风感冒。（5分）

性能力降低。昨天配偶对你明显有性要求，你却感到疲惫不堪，毫无性欲，令配偶怀疑你有外遇。（10分）

好了，现在算算总分，超过30分，表示你的健康已敲响警钟；50分或以上，请坐下来好好想想自己的生活状态，要加强锻炼和注意饮食营养的配搭；如果你成绩“不俗”，得80分或以上，那就该抽出时间花钱来看看医生了，该调整一下自己的心态了，如果可以的话，请假出去走走吧！

问题的症结：

要对付“亚健康”状态，必须从整体上发现问题的症结所在，例如从工作压力、生活作息方面找寻不规律的地方；从饮食营养方面查看是否均衡；工作环境是否受到职业病的影响等等。

消除“亚健康”状态，须防患于未然，在疲劳还没有产生时，就要注意休息。不要等口渴了才喝水，人体需要水的滋润，才能保持旺盛的生命力；也不要等到身体缺乏某种维生素或微量元素时，才拼命吃补药，那样恐怕为时已晚。

了解“亚健康”的各类症状并和自己对比一下，如有不妥的地方，一定要尽快地、认真地纠正，因为健康对每一个人都非常重要。

生命只有一次。衷心地希望你健康而有质量地生活在这个世界上，精力充沛地从事着自己喜欢的工作，沉浸在欢乐的海洋中。从现在做起，一定要培养良好的生活习惯，热爱生命、热爱健康！

2. 睡懒觉的六种危害

（1）导致身体衰弱。当人活动时，心跳加快，心肌收缩力增强，血流量增加；当人休息时，心脏也同样处于休息状态。如果长时间睡眠，就会破坏心脏活动和休息的规律，心脏一歇再歇，最终使心脏收缩乏力，稍一活动便心跳不已、疲倦不堪、全身无力，因此只好躺下，形成恶性循环，导致身体衰弱。

（2）对呼吸的“毒害”。卧室里的空气在早晨最浑浊，即使虚掩窗户，也有23%的空气未能流通。不洁的空气含有大量细菌、病毒、二氧化碳和尘粒，这对呼吸道的抗病能力有不良影响，因而那些闭门贪睡的人经常会患感冒、咽炎等。高浓度的二氧化碳又可使记忆力、听力下降。

（3）肌张力低下。一夜休息后，晨时肌肉和骨关节变得较为松缓。如醒后立即起床活动，一方面可使肌张力增强，另一方面通过活动，肌肉的血液供应增加，使肌肉组织处于活动的修复状态，同时将夜间堆积在肌肉中的代谢物排出，这样有利于肌纤维增粗、变韧。睡懒觉的人，因肌肉组织错过了活动的良机，起床后时常会感到腿软、腰不适、肢体无力。

（4）影响胃肠道功能。一般说来，一顿适量的晚餐，到次日早晨7时左右已消化殆尽。此刻，胃肠按照“饥饿”信息开始活动起来，准备接纳和消化新的食物。赖床者由于不按时进餐，胃肠经常发生饥饿性蠕动，久之易得胃炎、溃疡病。

（5）破坏生物钟。人体激素的分泌是有规律性的，赖床者体内生物钟节律紊乱，结果白天激素水平上不去，夜间激素水平降不下来，让人饱尝夜间睡不着，白天心情不悦、疲惫、打哈欠等“睡不醒”的滋味。

（6）妨碍神经系统正常功能。好睡懒觉的人睡眠中枢长期处于兴奋状态，时间久了便会疲劳。而其他中枢由于受到抑制的时间太长，恢复活动的功能就会相应变慢，因而经常感到昏昏沉沉、无精打采。

注意遵守作息时间，注意饮食卫生和营养搭配，注意生理卫生，注意一些细枝末节的卫生习惯，养成良好的睡眠习惯，不睡懒觉，对你的身体将会大有好处！

3. 应常食用的十种食物

在日常生活中，哪些是会带来快乐的健康食物呢？

（1）深海鱼类：全世界住在海边的人都比较快乐，不只是因为大海让他们神清气爽，还因为他们把鱼当做主食。无论是芬兰、英国、美国的研究都发现了相同的结果。

哈佛大学的研究报告指出，鱼油中的脂肪酸与常用的抗忧郁药如碳酸锂有类似作用，即阻断神经传导路径，增加血清素（一种收缩血管的物质，人体内血清素浓度高时精神会较为安定愉快）的分泌量。

（2）香蕉：香蕉含有一种称为生物碱的物质，它可以振奋精神和增强信心；而且香蕉是色胺酸和维生素B的主要来源，这些都可以帮助大脑制造血清素。

（3）葡萄柚：研究发现，葡萄柚有浓烈的香味，可以净化思绪，也可以醒神。

葡萄柚含大量的维生素C，不仅可以维持红细胞的浓度，使身体更具抵抗力，也可以抗精神压力。最重要的是，在制造多巴胺、肾上腺素时，维生素C是重要成分之一。

（4）全麦面包：碳水化合物可以帮助增加血清素。麻省理工学院的茱蒂丝·沃特曼博士就说："有些人把面食、点心这类食物当做一种可以经常吃的抗忧郁剂。"

更令人欣喜的是，近来发现微量矿物质硒能振奋情绪，而全谷类就富含硒。

别忘了全麦面包的嚼劲、口感，这也是为它得分的因素之一。

（5）菠菜：卡通中大力水手吃了菠菜后会力大无穷，但你可知道吃了菠菜也会心情大好吗？

医学文献一致指出，缺乏叶酸会导致精神疾病，包括忧郁症及早发性失智等。

美国麦克吉尔大学的研究发现，那些被控制无法摄取足够叶酸的人，在5个月后都出现了无法入睡、健忘、焦虑等症状。研究人员推论，缺乏叶酸会导致脑中的血清素减少，甚至引发忧郁症。

什么是富含叶酸的食物？菠菜最多，几乎所有的绿色蔬菜、水果也都有。

（6）樱桃：鲜艳欲滴的樱桃可以让你放松心情。如果你痛经，也可以试试樱桃。

美国密歇根大学的研究发现，樱桃中有一种叫做花青素的物质，可以减轻炎症。密歇根大学的科学家们认为，吃20粒樱桃比吃阿斯匹林有效。

（7）大蒜：大蒜虽然会带来不好的气味，却会带来好心情。

德国的一项研究发现，病人吃了大蒜制剂之后，感觉不易疲倦和焦虑，不易发怒。

（8）南瓜：南瓜之所以和好心情有关，是因为它富含维生素B和铁，这两种营养成分都有助于使身体储存的血糖转变为葡萄糖，而葡萄糖正是脑部唯一的燃料。

南瓜派也被认为是菜单上“最聪明”的甜点。因为每吃一口南瓜派，就会同时摄取3类胡萝卜素，这对预防心脏病、抗衰老都十分有用。对我们这个善烹煮的民族而言，南瓜既可中式调理，也可吃西式的南瓜汤、南瓜派。

（9）低脂牛奶：看来小时候妈妈老是说“多喝牛奶”是对的。

纽约的西奈山医药中心研究发现，有经前症候群的妇女服用钙片3个月之后，3/4的人都变得不易紧张、暴躁或焦虑。

日常生活中，钙的最佳来源是牛奶，而低脂或脱脂的牛奶拥有最多的钙。

（10）鸡肉：英国心理学家班顿和库克给受试者吃了100微克的硒之后，受试者普遍反应觉得精神振奋。

硒的主要来源有鸡肉、海鲜、全谷类食品等。

经常变换食物，不仅可以丰富你的营养，还可以改变你的心情。快乐现在对人们越来越重要，参考上面的“食谱”会让你有意想不到的收获。

二、包治百病的“良药”

1. 现代健康的新概念

健康新概念赋予了健康新的内容和标准。

（1）快食：所谓快食，就是吃得痛快。吃饭时不挑食、不偏食，吃得顺畅，没有过饱或不饱的感觉。

（2）快眠：快眠就是入睡快，睡得舒畅，一觉睡到天亮。醒后头脑清醒，精神饱满。如睡得时间过多，睡后仍感乏力不爽，则是一种病态的表现。快眠说明神经系统的兴奋、抑制功能协调，且内脏无病理信息干扰。

（3）快便：便意来时，能很快排泄大小便，且感觉轻松自如，在精神上有一种良好的感觉，便后没有疲劳感，说明胃肠功能好。

（4）快语：说话流利，语言表达准确、有中心，头脑清楚，思维敏捷，中气充足，心肺功能正常。说话不觉吃力，没有有话说而又不想说的疲倦之感，没有头脑迟钝、词不达意现象。

（5）快行：行动自如、协调，迈步轻松、有力，转体敏捷，反应迅速，动作流畅。证明躯体和四肢状况良好，精力充沛旺盛。

（6）良好的个性：性格温柔和顺，言行举止得体，能够很好地适应不同环境，没有经常性的压抑感和冲动感。人生目标坚定，感情丰富，热爱生活和人生，乐观豁达，胸襟坦荡。

（7）良好的处世技巧：看问题、办事情，都能以现实和自我为基础，与人交往能被大多数人所接受。不管人际风云如何变幻，都能始终保持稳定、永久的适应性，能保持社会外环境和身体内环境的平衡。

（8）良好的人际关系：与他人交往的愿望强烈，能有选择地与朋友交往，珍视友情，尊重他人人格，待人接物宽大为怀。既善待自己，自爱、自信，又能助人为乐，与人为善。

健康心理学（Health Psychology）于20世纪70年代末在美国兴起，首先受到预防医学的重视，因为据调查在求医的病人中约有60%是属于那些声称有躯体性不适，但又无躯体疾病体症的人。一般具有某些情感性障碍（焦虑、苦恼等）的病人在接受心理学家的治疗和处理后，约有90%的人可获得有益的帮助。实践证明，生活中如何认知、评价和对待“紧张刺激”是影响健康的主要因素。一个人的生活方式、所处情境和经历的事件往往可以扰乱个体内的动态平衡，损害人体免疫系统机能而导致包括癌细胞活化在内的各种疾病的发生。

2. 到户外去呼吸新鲜空气

出去走走忙里偷着闲，出去走走把烦恼抛一边，出去走走沮丧就在一瞬间变得很遥远……

现代人城市生活的空间越来越狭窄，而城市的空气受现代工业文明的侵蚀越来越严重，人们在钢筋水泥的写字楼间越来越压抑，人们开始注重户外活动。确切地说，就是远离城市，远离工业文明，到那些相对偏僻，空气却是绝对新鲜的地方去。节假日，一家人开开心心地乘着车来到郊外，享受大自然美好之余，又是家庭亲情融合的最好机会。更有许多年轻人，装备整齐地在大自然的怀抱里探险，这就是城市人的新宠——户外运动。

登山——贯穿法国、意大利、瑞士和奥地利等国家的阿尔卑斯山是现代登山运动的诞生地，人们把登山运动称为“阿尔卑斯运动”。阿尔卑斯主峰——勃朗峰（在法国境内）海拔4810米，是西欧的第一高峰。1786年6月，一位名叫巴卡罗的山村医生经过两个多月的准备，与当地山区水晶石采掘工人巴尔玛结伴，于8月6日首次登上了勃朗峰。这就是登山运动的开始。

攀岩——攀岩运动，又被人们誉为“岩壁上的芭蕾”。攀岩技术的发展已有100多年的历史。早在1865年，英国登山家、攀岩运动创始人埃德瓦特首次用简单的钢锥、铁锁和登山绳索等装备，成功地攀登上了险峰。攀岩技术还可以运用到科学考察、工程技术、消防、建筑等广泛领域。开展这项运动，不但经费开支少，而且装备简单，还具有难、险、新以及竞争性和实用性强等特点。

自行车——世界上哪个行业的从业人员平均寿命最长？美国有关部门的调查表明：邮递员在世界各行业中寿命最长。据说主要原因是他们经常骑自行车。运动学专家也对自行车运动普遍看好，认为骑自行车与跑步、行走、游泳一样，具有锻炼内脏器官的耐力和提高心肺功能的作用。美国《新闻与世界报》报道，目前在美国有2000万人骑自行车健身；在欧洲，骑自行车“一日游”也成为最时髦的时尚运动方式之一。在中国这个自行车的“王国”里，自行车拥有量约为5亿辆，以自行车作为代步工具的人数在6亿左右。随着人们生活质量的提高和生活观念的转变，自行车在担当代步工具的同时，更成为了运动休闲活动的最佳工具。人们用自行车玩出许多新花样，也研制出多种特殊性能的自行车，如公路自行车、山地自行车、场地自行车、小轮车、技巧车等。一般说来，小轮车、技巧车作为极限运动的一种，与滑板、滑轮一样玩的是技巧，目的是在挑战自己的体能，这在青少年中很流行；而公路自行车、场地自行车作为体育竞赛项目，缺少骑行的乐趣，所以不能在普通人当中流行；只有山地旅行车，可以伴你翻山越岭、自在骑行，是被大多数人接受的自行车种类。

下面再介绍一些常用的户外运动装备。

营地：帐篷。

炊具：炉子、锅、水壶等简单厨房用具，打火机，防水火柴，刀。

衣：排汗快且易干的内衣裤或T恤；御寒衣物；帽子（遮阳，挡寒）；防水手套；步行鞋、轻便鞋、凉鞋、拖鞋；薄厚袜子（非棉），隔气袜子。

食：牛肉干、火腿肠、卤制的保鲜包装的猪肝等速食品，压缩饼干、方便面、咸菜等佐食品。行进中，有一半热量来自于“零食”，像巧克力、糖果、口香糖（提神和无水时刷牙用）等。

医疗药品：感冒类如感冒通、止痛片等；肠胃类如黄连素、痢特灵、弗哌酸；抗菌素类如环丙沙星、乙酰螺旋霉素、抗生素（先锋）、皮炎平、希斯敏；外伤类如云南白药、创可贴、绷带、胶布、药棉、蛇药；还有维生素类如金维他。此外，容易嗓子疼的可准备些草珊瑚或健民咽喉片等。

住：睡袋、睡袋套、防潮垫、地席。

行：雨衣、雨裤或雨具，墨镜，头灯或电筒，塑料袋，还有护腿、护踝。

个人卫生防护：肥皂、毛巾、牙膏、牙刷、梳子、手纸、面巾纸、小刀，女士们的唇膏、防晒霜等。

工作压力日益增强的今天，找个时间到户外呼吸一下新鲜空气，对我们的健康会很有好处。

3. 锻炼让我们保持健康

曾几何时，健身房开始大行其道，它似乎是为白领减少压力、保持健康准备的最佳工具。因为，白领们一天到晚坐在钢筋水泥浇筑的高楼大厦里，出入坐车，上下楼有电梯，房间开空调，上班时间面对电脑，现代化的办公生活带给人便利和舒适的同时，也给人们的健康带来了隐患。坐车、做电梯使人减少运动；空调使人适应环境的能力降低；电脑、手机的辐射也是危害健康的“杀手”；工作压力大就更不用说了。健身房给人们带来的是“花钱买健康”的新观念，工作之余，在健身房练练舍宾、跆拳道、瑜伽，对身心大有裨益。

体育锻炼能提高人的肌体免疫能力。有人测出，长期参加体育锻炼的65岁以上的老人，其体内T淋巴细胞百分率、淋巴细胞转化率等与青壮年对比均无显著差别。但是锻炼必须持之以恒，否则远期效果不理想。

运动使人保持耐力。运动能增强新陈代谢功能、促进肠蠕动功能，有助于提高营养物质的吸收利用率。经常有规律地进行体育锻炼的人，其动物淀粉含量比不爱运动的人动物淀粉含量高一倍多。动物淀粉含量的增加可提高人的耐力，使人劳动或运动时间增长。

运动还能带来镇静作用。人体带有一定量的电荷，电荷量的多少与运动有关，运动少的人电荷特别强。带有强电荷的人常常感到神经紧张，有的出现类似神经质的症状。据研究，长期进行体育锻炼的人能减少电荷，使人消除疲劳，缓解精神紧张，从而保持精力充沛。

运动的好处大家都知道，但是一般人不大可能一辈子只做同样一种运动，永远也不厌倦；另一方面，岁月毕竟无情，上了年纪的人不可能还和年轻时一样蹦蹦跳跳，承受着年轻时的运动量。

那么，对希望以运动健身的人，到底应该如何搭配组合，在不同人生阶段选择适合自己年龄的运动方式？《国际旅行卫生》杂志上介绍了美国一位训练专家最近设计出的一套能让人一生受用的健身计划，使注重健康的你从20几岁开始，一直到古稀之年都能找到适合的运动方式，让你从运动中受益。下面是具体方案：

二十多岁：可选择高冲击有氧运动，如跑步或拳击等运动方式。对你的身体而言，好处是能消耗大量卡路里，强化全身肌肉，增进精力、耐力与手眼协调。在心理上，这些运动能帮助你解除外在压力，让你暂时忘却日常杂务，获得成就感。同时，跑步还有激发创意、训练自律力的优点；而拳击除了培养信心、克制力与面对冲突的能力等好处外，更适合拿来当做“出气筒”。

三十多岁：建议选择攀岩、滑板运动、溜冰或者武术来健身。除了减肥，这些运动能增强肌肉弹性，特别是臀部与腿部肌肉；还有助于增强活力、耐力，能改善人的平衡感、协调感和灵敏度。在心理上，攀岩能培养禅定般的专注功夫，帮助人建立自信与策略思考力；溜冰令人愉悦，忘却不快；武术有助于在工作中保持冷静、自强与警觉心，同样能有效增进人专心的程度。

四十多岁：选择低冲击有氧运动，如远行、爬楼梯、网球等运动。对身体的好处是能增加体力，增强下半身肌肉弹性。爬楼梯既可以出汗健身，又很适合忙碌的城市上班族天天练习。网球则是非常合适的全身运动，能增加身体各部位的灵敏度与协调度，让人保持活力充沛，同时对于关节的压力也不如跑步和高冲击有氧运动那么大。而在心理上，这些运动让人神清气爽，缓解紧张和压力。以爬楼梯为例，有规律地爬上爬下常是控制自己、让心情恢复稳定的好方法；同样，打网球除了有社交作用，还能抛开压力与杂念，训练专注力、判断力与时间感。

五十多岁：适合的运动包括游泳、重量训练、划船，以及打高尔夫球。游泳能有效增强全身各部位的肌肉弹性，而且由于有水的浮力支撑，不如陆上运动吃力，特别适合疗养者、孕妇、风湿病患者与年纪较大者。重量训练能坚实肌肉、强化骨骼密度，提高其他运动能力；而打高尔夫球时如果能自己走路、自背球袋，而且加快脚步，则有稳定心脏功能的效果。心理上，游泳兼具振奋与镇静的作用，专心划水可让人忘却杂务；重量训练有助于提高自我形象满意度，让压力与烦躁都随汗水宣泄而出；团队一起划船能培养协同合作与团队精神；打高尔夫球则可让人更专心、更自律。

六十多岁以上：适合散步、跳交谊舞、练瑜伽或做水中有氧运动。散步锻炼双腿，帮助预防骨质疏松与关节紧张；跳交谊舞能增进全身的韵律感、协调感和优雅度，非常适合不常运动的人选择尝试；练瑜伽能使全身更富弹性与平衡感；能预防身体受伤；做水中有氧运动可增强肌肉力量与弹性，适合肥胖、孕妇或老弱者健身。这些都不算是剧烈的运动，但是在健身之外，它们最大的功用是能使人精神抖擞，感觉有趣，并且有社交的作用，是让老年人保持年轻心态的一个好方法。

4. 脚是人的“第二心脏”

（1）忘记了步行的现代人

人类是动物的一种。不用脚也能走动的动物恐怕没有吧，庞大的大象也好，河马也好，都是用自己的脚用力踩着地面才能移动自己的身体。

人类的脚，原本就是为了走路而形成的。因此，持续过着不走路的生活，它的功能就会衰退。但是随着各种各样的交通设施、交通工具的发展，现代人的生活变得非常方便。这是人类的智慧所创造的文化。但是作为高级动物的人类来说，正逐步地被赶进不使用脚的生活里。

都市的工薪族们持续过着每天仅走几百步的生活。他们上下班换乘公交车，在地铁站换乘的时候使用自动扶梯，在公司则使用电梯。

此外，多媒体技术的发展，使在家办公得到迅速发展。上世纪70年代出差才能解决的事情，现在用传真和互联网就能够处理好。就说购物吧，现在邮购也普及了，只要打个电话坐在家里就能够购物，不必到处走动去寻找自己喜欢的东西。

还有，私人车的普及也是让我们远离步行的原因。

（2）步行使大脑更清晰

在人体内，最需要氧气的组织莫过于脑细胞。氧气是由血液输送的，因此良好的血液循环是使脑细胞活性化的基础。

虽然脚和大脑就人体位置而言离得最远，但通过血管与神经，它们非常紧密地连在一起，是相互影响的器官。

脚的衰老和脑部的衰老是相连的。人们往往认为，只要提高心脏的功能就能够使血液循环正常。然而，心脏肌肉属于个人意志不能操纵的不随意肌。但是，被称为第二心脏的脚的肌肉是自己的意志可以操纵的随意肌。因此，为防止衰老，应该通过运动脚、锻炼脚来帮助改善心脏的功能，而最简单的方法就是做运动。从促进血液循环的角度来看，最好的运动就是走路，而不是慢跑、跑步等过于剧烈的运动。走路时，脚离开地面的时候脚尖会弯曲，这个运动恰如抽水泵的作用，能促进血液循环。

其实，走路的时候，脚的大小有三种变化。虽然只不过是一瞬间，但停在空中的时候最小；只用一只脚踩地支撑身体的时候最大；脚后跟接触地面时，或脚后跟完全离开地面、只有脚趾落在地面时大小介于两者之间。

脚的这种大小变化使血管周围的肌肉伸缩运动活跃起来，血液也得到了良好的循环。这与心脏活动一样，像抽水泵似地伸展或收缩，以促进脚末端的血液循环。

此外，根据最新的研究，步行能够促进大脑物质的涌出，从而使大脑的神经细胞活跃起来。

不要怕走路，为了你的健康，每天甩开大步，多多步行！知道了脚对人身体的重要性，那就应该多走路，多让脚运动，哪怕你工作条件再优越，适当地放弃坐电梯，自己爬爬楼梯，多多运动你的脚，别让这个“心脏”太轻松！

人要有质量地活着，健康的身体是根本，是前提，是关键！

三、了解常识，拥抱健康

1. 国际防癌守则15条

最新研究表明，按目前的发展趋势，到2020年，全球每年新增癌症患者达2000万，其中70%将在发展中国家。

最近，美国癌症研究协会公布了世界第一份“国际防癌守则15条”，值得人们借鉴。

（1）食物以植物性食品为主，多样摄取。植物性食品富含维生素及植物荷尔蒙，可以有效防癌。

（2）经常性适度运动。运动可以保持体力，增强抵抗力。

（3）保持适当体重。体重过重会使体内过多分泌女性荷尔蒙，有些女性荷尔蒙会导致大肠癌、乳癌、子宫癌。

（4）多吃蔬菜及水果。黄绿色蔬菜及水果含大量维生素C、A、E及β胡萝卜素，可防癌。

（5）最好不喝酒。

（6）谷类、豆类、根菜类每天至少摄取600至800克。

（7）牛肉、羊肉、猪肉每天摄取80克以下，多吃鱼、鸡肉。

（8）控制动物性脂肪摄取量，适度摄取植物性脂肪。

（9）成人每天摄取食盐在6克以下。食盐是胃癌的元凶，尽量少吃。

（10）食品应冷冻、冷藏保存，但也不能将冰箱视为万能箱，食品不可存放太久。

（11）避免摄入添加剂。有些添加剂会含有使体内突变的物质，若是添加剂在体内蓄积，会对身体产生不良作用。

（12）戒烟。吸烟者患喉癌的比率为不吸烟者的30倍以上，肺癌约4.5倍。

（13）多吃新鲜食品，少吃罐头类食品。

（14）少吃营养剂、补品。

（15）不吃烧焦食品。

爱惜自己的身体健康，应从每一件日常生活中的小事做起。千万不要当你拥有健康时，肆意放纵不良生活习惯，而当病痛缠身时，却又后悔莫及。

别偷懒，按文章中的一些做法去试一试，将其当成一种修身养性的乐趣，用良好的心态指导自己去做，你就一定会有所收益。

不要以为你年轻，百病没有，一切没问题。你要看到自然界的污染、食品的污染、抽烟的污染、饮用水的污染等等，都会不同程度地伤害到你的身体。适当地、有意识地排出体内的毒素，是非常有必要的！

健康的身体来自于平常好的生活习惯。

2. 预防艾滋病须知

有人说："地球人口过剩，艾滋病是上苍在惩罚人类。"姑且不论这句话是否有科学根据，但它在一定程度上反映了艾滋病已给人类带来了巨大灾难。事实上，自1981年发现艾滋病以来，艾滋病就以不可阻挡之势在全球蔓延，先在美洲，之后是非洲，继而是亚洲，传播之迅速令人咋舌。据1997年底统计，全球死于艾滋病的人数累计达1170万。这一数字表明，艾滋病已成为世界十大主要死因之一，已严重威胁着全球性公共卫生，也威胁着全人类。自1985年发现首例艾滋病后的短短十几年间，我国艾滋病报告数累计达12639人（截至1998年12月底），但据专家估计实际数字已达三四十万，且有进一步蔓延的趋势；艾滋病感染者最初以国外来华者居多，后发现国内人口比例迅速增大，且全国各省、市、自治区都有病例。

其实，艾滋病病毒（又称“人类免疫缺陷病毒”）侵入人体后，平均经过7～10年潜伏期才开始出现临床症状，表现为一系列的机会性、感染性疾病和肿瘤，如卡氏肺囊虫肺炎、真菌感染、卡波氏肉瘤等。这是由于艾滋病病毒侵害人体的免疫系统，造成了人体某种程度不可逆的免疫缺陷所致。目前，对艾滋病还没有根治的有效办法，也没有供预防的有效疫苗。

难道我们对艾滋病就真的束手无策了吗？当然不是。科学实验发现，艾滋病病毒感染者或病人的血液、精液、阴道分泌物、乳汁中等存在大量艾滋病病毒，这些病毒可通过三条途径——血液、性接触、母婴传播传染给他人。至于一般社会交往，如握手、交谈、共同进餐、共用洗手间或游泳池等，是不会感染艾滋病病毒的。许多人担心蚊虫叮咬会传播艾滋病病毒，但目前还未有确凿的科学证据足以证明这种传播的可能性。

人们在现实生活中是如何感染上艾滋病病毒的呢？

静脉注射是主要途径之一。调查显示，我国静脉吸毒者的艾滋病病毒感染率很高。这是由于吸毒者之间共用未经消毒的注射器、针头等器具注射毒品造成的。

不洁性接触同样是感染艾滋病病毒的主要途径。调查显示，卖淫者、嫖娼者和多性伴侣者是艾滋病病毒侵袭的重点人群。特别应该指出的是，艾滋病病毒感染者在数年潜伏期内是没有任何症状的，无法凭肉眼加以鉴别，尤其是在刚感染病毒的两周至三个月内（即医学上所说的“窗口”期），有可能检测不出来，而可怕的是受感染者已带有传染性了。

有鉴于此，奉劝吸毒者远离毒品，以积极的人生态度对待生活；至于预防性接触感染方面，提倡洁身自好、性伴侣相互忠诚，退而论之的权宜之计是坚持使用避孕套。

如果家人不幸感染艾滋病病毒，其他家庭成员不必恐慌（因为艾滋病病毒不会通过日常生活接触方式传播），而应消除歧视，降低社会敏感度，给予感染者以理解与同情。这不仅是艾滋病病毒感染者最需要的，同时也是我们社会安定的需要。至于感染者的性伴侣则应严格遵守“安全性行为”。

艾滋病越来越成为人们关注的焦点，它潜伏期长，又不容易被发现，至今还没有一种有效的治疗和预防方法。所以，为了我们的健康，一定要养成良好的生活习惯，只有了解一些基本常识，我们才能预防这些疾病，真正拥有健康。

第二章

财富：资产的最佳诠释

君子爱财，取之有道——财富不等价于资产，但财富无疑是资产的最佳诠释，因为财富无疑为你获取资产的梦想插上了翅膀。

人们终其一生，不是追求财富，而是追求一种财富上的满足，我们必须有足够的钱，让我们去看清楚整个世界。

一、君子爱财，取之有道

1. 崇尚节俭，也能创造财富

创造财富不是为了要将它藏入金库，也不是为了要有仆人服务；只是为了独立的人格尊严，以及不受别人的奴役之苦。

越是富有的人，越不会铺张浪费，挥金如土；而那些不是真正富有的人，则往往喜欢打肿脸充胖子，摆阔气。事实上，越是有钱的人，往往不在乎使用廉价商品；而没有钱的人，却认为使用廉价物品会降低他们的身份。这种心态可以说是人类的一种悲哀。

曾有人说过，在我们的社会中，“浪费”两个字不知使人们失去了多少快乐和幸福。浪费的原因不外乎三种：一是对于任何物品都想讲究时髦，比如服饰、日用品、饮食都要最好的、最流行的。总之，生活得愈阔气愈好。二是不善于自我克制，不管有没有用，想到什么就去买什么。三是有各种各样的嗜好，又缺乏戒除这些嗜好的意志。归根结底就是一个问题，他们从来没有考虑过要修炼自己的性格，克制自己的欲望。

每个人都应该量入为出，根据自己的收入过日子。挥霍浪费的人贪图一时的安逸享乐、花天酒地，不得不透支存款、提前支取工资。许多人不屑一顾顺手扔掉的零钱和其他一些不当回事的支出，往往是人生中财富和独立人格的基础。

我们都听过一个古代的故事，讲的是有一个地主的儿子，喜欢吃包子。但他从来只吃包子里的肉馅儿，把包子皮顺手就扔掉了。住在他们家隔壁的是一个穷苦的老太婆，她看到地主的儿子如此浪费，感到十分心疼。于是她把被扔掉的包子皮都捡了起来。几年后，老地主死了，地主的儿子没有任何本事，坐吃山空，很快把家当败光了，最后沦落到以乞讨为生的地步。有一天，他来到了从前的穷老太婆的家门口，老太婆给他端出了一盘白乎乎的东西，他吃过以后，连说好吃，忙问是什么东西。老太婆笑眯眯地说："这就是你当年扔掉的包子皮晒成干做的啊。"地主的儿子听了以后，惭愧不已。

姑且不论故事中的包子皮能否保存那么多年，至少我们从这个故事中能读出一些可资借鉴的东西，希望我们都不要做这个地主的儿子，否则真有一天当我们的奢侈浪费遭到惩罚的时候，就只有我们自己来承担这个恶果了。

节俭既不需要超人的勇气也不需要卓越的美德，而只需要一般的力量和普通人的能力。实际上，节俭只不过是秩序原则在家庭事务管理中的应用：它意味着统筹安排、合乎规则、精打细算和避免浪费。

所以，现在就开始节俭吧：少买几件漂亮衣服、少去几次酒吧、少用那些高档化妆品，这样就可以换来银行里富足的生活积蓄。用这笔积蓄干什么不好呢？当你的生计无需依赖日复一日的努力时，你会更有创造力。未雨绸缪的做法，使你大可以随心所欲，做你想做的任何事。比如投资一项你早就看好的项目，去一个你一心向往的胜地，或者在你最想花钱的事情上自我满足一把。

当然，节俭不等于吝啬。然而，即便是一个生性吝啬的人，他的前途也仍然大有希望，但如果是一个挥金如土、毫不珍惜金钱的人，他的一生可能将因此而断送。不少人尽管以前也曾经刻苦努力地做过许多事情，但至今仍然是一穷二白，主要原因就在于他们没有储蓄的好习惯。

2. 心理承受能力与科学理财

近年来，随着市场经济的逐步建立，个人理财意识和金融风险意识的重要性日益显现出来。特别是一些年轻人，他们面临的是越来越不稳定的职业、变化极快的社会角色、高消费的社会时尚，如果不善于理财，又缺乏承担金融风险的能力，那就很可能常处于经济的窘困之中。对此，专家们建议：

（1）了解自己承担风险的能力

任何人在承受风险时都有一定的限度，风险超过限度，就可能对人的情绪或心理造成伤害。所以进行投资时，必须考虑自己能够或者愿意承受多大的风险。下面这一组试题可以测验你承担风险的能力。

①你有足够的收入应付家庭的基本所需吗？

②你有合适的人寿、健康保险吗？

③万一你的主要收入没有了，你是否有足够的积蓄应付？

④你是否摆脱得了繁重的财务负担？

⑤你若在股市中损失了部分钱，你承受得了吗？

根据自己的回答来判断你承受风险的程度：如果以上5个问题答案均为肯定，那么你能够承担高风险以追求高利润；如果有4个答案是肯定的，那么你仍有一定的承受风险能力；如果只有3个肯定的答案，那么你就属于极端保守的人，你不愿也无力冒风险。

（2）要科学制定理财计划

人的一生中有许许多多的计划，但所有的计划归纳起来不外乎三种：短期计划、中期计划和长期计划。对于一般家庭来说，短期计划是指日常生活即衣食住行的计划；中期计划是指物质消费和精神享受方面的计划，譬如买家用电器，外出旅游，甚至买车、买房；而长期计划则是指养老、应对意外疾病等方面的计划。

根据你承担风险的能力和追求人生幸福安乐的目的，你应科学地制定你的理财计划，特别是处理短、中、长期计划的关系。根据理财专家的建议，对于一般家庭而言，这三者的比例是：短期计划占收入的60%；中期计划占收入的25%～30%；长期计划占收入的10%～15%。按照中国人的传统观念，钱存得越多越好，似乎10%～15%的比例太小了，恐怕难以解决未来的问题。专家表示，这种理财比例安排是可行的——办法是将这10%～15%比例的收入存入保险公司。根据专业保险顾问的设计，这样做可以获得一个较全面的家庭保障计划，而且随着社会发展和家庭经济状况的变化，我们还必须不断对这个保险计划作出调整，那么，我们便可以高枕无忧地完成对家庭最理想的长远规划了。

在这个机遇多、风险更多的社会里，计划赶不上变化的事经常发生。怎么办？理财专家建议，要根据自己家庭经济状况加入相应的保险。有些人认为买保险是一种可有可无的额外支出，有钱存银行不就行了吗？其实这是对保险的误解。用一定比例的支出去设置未来的保障还是很值得的。正是从这种意义上说，保险本身是一种理想的理财工具。

（3）要善于从花钱中去“挣”钱

挣钱是为了花钱，有钱不花的“守财奴”是很少有快乐的。对于一个理财成功的家庭而言，即使是花钱，也应该从花中去“挣”钱。当然，这种“挣”来自于节约，因为节约了不该花的钱，同样等于挣了钱。“节钱”的办法很多。首先要避免冲动购物，消费时不要放纵自己，如看到别人的手机很气派，自己凭一时冲动掏钱买一个，结果用得不多，花费不少。二是在小事上别太大方，一般人都喜欢在小事上穷大方，如上班可以坐公交车，有些人却时不时打车，长此下去，浪费也是够大的。三是购物善用时间差，如反季节购物、法定节假日购物，这些时候购物都能得到多种优惠。四是不要购买闲置用品，或购买一些功能太多、但闲置功能也很多的物品。

学会生活，学习用最少的钱办最多的事，学会科学理财，这也是你的必修课。学习要有计划，用钱也要有计划，不能开支的东西，就要说服自己坚持住。

一个优秀的商人，绝对是一个优秀的理财专家。只有懂得怎么花钱，才能懂得如何生活。东西是永远也买不完的，不懂得节俭、选择就会总觉得自己很穷。

3. 不要向富人借钱

一个人因购房缺钱，求助于一个有着百万资产的朋友。不料，朋友热情招待他吃喝，钱却一分也没借给他。这位碰了软钉子的老兄，仿佛蒙受了奇耻大辱，对那位“富友”鄙夷得咬牙切齿。当年两人一样清贫时兄弟般的情谊哪里去了？真是“一阔脸就变”啊！他算看透有钱人的面目了。

类似这样的事许多人都碰到过。向有钱的亲戚、朋友借钱却讨个没趣，弄得伤了和气甚而视同陌路者亦不少。其实，造成这般尴尬状况的原因，主要在于借钱一方的思维误区：以为向有钱人借钱是顺理成章之事。殊不知，对于富人来说，最不能借的就是钱！莎士比亚在《哈姆雷特》中，借剧中人物之口早有告诫：“不要向富人借钱。”

大凡富人，尤其是白手起家艰苦创业致富者，深知财富皆血汗所换，每个铜板都要用在要紧处，自己尚且舍不得乱花一文，借与他人自然心疼如割肉。若是借出，对方迟迟不还，催还难免被视为吝啬，伤了朋友和气；张三借了，李四你借不借？王五呢？如此借钱给他人，比欠他债更难受。钱与钱不同，富人的钱比穷人的钱“大”：穷户，钱的积累是加法；富人，钱的积累是几何级数的增长，钱能生钱，利能滚利，逮着个机会，一本万利！穷户的“一本”，与富人的“一本”，岂可同日而语？借给你“一”，或许就失去了“万”，富人又怎肯轻易借出？又是莎士比亚在《哈姆雷特》中说过的话：“不要借钱给他人，因为债款放了出去，往往不但丢了本钱，而且还失去了朋友。”故而，富人的钱难借。

穷户挣钱不多，生计可保，发财无望，也便没有聚财的欲望；富人“钱”途广阔，机会良多，日思夜想如何以钱挣钱，钱愈多，便愈能赚钱。“愈有钱，便愈是一毫不肯放松；愈是一毫不肯放松便愈有钱。”鲁迅《故乡》中的豆腐西施杨二嫂早就说出了这句至理名言，故而富人的钱，是“一毫”也借不得的，不然，他就不成其为富人了。

钱是富人的工具，也是产品。犹如砍下木头削成斧柄，握紧斧柄再去砍树，砍下树再制作更多的斧柄……如此循环往复。有人向木匠借斧锯，向学者借书，以为木匠家中为他人所不具有的就是斧锯，学者家中最富有的就是书，求借正是顺理成章之事。殊不知，斧锯与书，正是木匠与学者赖以“吃饭”的工具，一日不可或缺，岂能借与他人？故而，你要借斧锯，千万不要找木匠，你要借书，千万不要找著书立说的学者作家。

富人无闲钱。他的钱都在周而复始永无止境的充满刺激、充满风险的利润滚动之中。一个铜板如同一个士兵，站在时刻准备出击的哨位上；一个铜板如同一枚正在孵化中的蛋，在主人心中，它是一只长满利润羽毛的鸡。故而，你要借“人”，千万不要找战场上的指挥官；你要借蛋，尽可以去菜市场，千万别找孵鸡人——他家中多的是蛋，但他的蛋不是蛋，而是暂时还没有长出羽毛的鸡！

富人永远缺钱。多少钱算富？永远没个准数，故而富人永远缺钱，如同“女人永远缺一件衣裳”。穷人向富人借钱，殊不知富人也在不断借钱——向银行借贷，贷不到款，富人比穷人还急。生意场上多险恶，穷人借不到钱，大不了不该买的东西少买，小日子照样过；富人借不到钱，有时可能导致他的生意一落千丈，甚至破产。

富人有时也慷慨。钱攒太多，钱就不是钱了。“随着财富的增长，烦恼也随之增加”，道理很简单，吃得过饱与饥饿同样难受。因而富人必须“吐”一些。“财富的用处是消费，而消费的目的是为了光荣和善举。”（培根：《论消费》）富人会将钱捐给社会公益事业、慈善事业，以善举获得精神上的荣耀感与富有感，或借此赢得好口碑，广告效应也尽在其中。

富人可以将钱送给穷人，却不会将钱借与穷人，因为“借”与“送”大不一样。“借”是失去，“送”是获得。

理解了这些你就知道了富人的钱借不得，一是他不会借给你，二是你向富人借钱会让你有一种依赖心理，认为没钱去找他借点，从而失去创造财富的动力。别去向富人借钱，如果缺钱，那就努力去做个富人吧，这才是最好的办法。

4. 金钱的妙用和滥用

一个人怎样使用钱——包括赚钱、存钱和花钱——或许是检测他的才智高低的最好的方法之一。虽然金钱决不能作为一个人生活的主要依靠，但是，它也不是无关痛痒的东西，不能从观念上加以蔑视。在实际生活中，在很大程度上，金钱是获得感官快乐和社会地位的手段。事实上，人性中的一些最优秀的品质是与正确使用金钱密切相关的，例如，慷慨、诚实、公平和自我牺牲精神，更不用说节俭的美德了。另一方面，是它们的对立面，如贪婪、欺诈、不公平和自私，就像一个爱财如命的人所表现出来的一样。一部分人滥用和误用了金钱这种手段，产生了浪费、铺张、挥霍、奢侈等罪恶。正如亨利·泰勒在他经过深思熟虑写成的《生活备忘录》一书中所指出的：“在赚钱、储蓄、花销、送礼、收礼、借进、借出和馈赠等方面，正确的行为原则和方法几乎为一个人的完美无缺作出了论证。”

一个人如果展望未来，他会发现等待他的主要有三种世俗的可能性事件：失业、疾病和死亡。前两者他或许可以逃避，但是最后一个却是在劫难逃的。然而，无论哪一种可能性事件发生，他都应该把生活的压力减轻到尽可能小的程度，这样生活和这样安排是一个精明人的职责，这样做，不仅是为了自己，而且是为了那些把安逸和生存都依附于自己的人们。这样来看问题，诚实挣钱和节俭使用是极为重要的。正当赚钱，是吃苦耐劳、不懈努力、不受诱惑的表现；而合理使用，是精明能干、富有远见和自我克制的体现，而这一切都是刚毅果敢性格的真正基础。虽然金钱可以代表一大堆毫无价值和现实用途的物品，但是，也可以代表许多有很大价值的东西，这不仅是食物、衣服和感官的满足，而且可以是个人的自尊和独立。

在赚钱过程中，最需要的东西是人的精力，积累财富则是最高的独立目标。一个人如果全身心地追求这一目的，鲜有不成功的。但是，量入为出，点滴积累，零攒细聚，使得金钱数量日益增加，却极少有人能做到。

在以往的年代，给别人和给自己带来舒适和自由独立，是无上光荣也是人们所乐于去做的事情；而仅仅只是为了积累财富的人是心胸狭窄和悭吝小气的。不要养成无限制地省钱存钱的坏习惯，这一点是每个聪明人都必须小心在意的，而且，对年轻人来说，生活过分节俭很可能养成贪婪的性格，在一个地方是美德的东西在另一个地方很可能是邪恶。对金钱崇拜——而不是金钱本身——是罪恶的渊源，对金钱的崇拜禁锢和压迫着人的灵魂，它关闭了通向慷慨大方的生活和行动的大门。

如果以一个人拥有金钱的多少来衡量他成功的大小，毫无疑问，这是一件令人茫然困惑的事情。从本性上讲，每个人都想成为一个成功者。即使一个意志坚定、头脑敏锐、动作敏捷的人，一旦抓住机会，他也会立即“上马”，不择手段地赚钱。这些人完全有可能既没有高尚的品质，也不会实施任何善行。一个一心只想着钱而意识不到更高的力量的人，虽然他可以腰缠万贯，但他始终只是一个非常可怜的生物。金钱绝不是任何道德价值的确证。金钱的闪光只能吸引它的追求者毫无价值的注意力，正如萤火虫的光辉只能把自己暴露给它的捕捉者。

人生的最高目标就是要形成和具备勇敢的品格，使我们的精神和肉体——包括良心、灵魂、智慧和气质——都尽可能地得到充分发展。最终的结果是除了财产以外，我们对其他任何东西都必须予以考虑。因此，最成功的人生不是一个人得到了最多的感官快乐，得到了最多的钱财、最大权力或地产，得到了最大的荣誉或名声；而是在于他表现出了最为勇敢的英雄气概，完成最大量的有益工作，为人类的发展尽了最大的职责。金钱在某种程度上是一种力量，这是不错的；但是，热心公益事业的精神和良好的道德品质也都是一种力量，并且是比金钱要高尚得多的力量。

懂得钱来之不易，认真学会怎样充分利用有限的经济资源，这很重要。

节省，并不是小气。开支有计划、有安排，不随心所欲，不乱借、乱花，这是我们每个人无论其贫富都应该学会并一定要努力做到的。

凡事要有计划，用钱也一样。好好学会当家理财，也是做人求生存的一大本领。

二、激起自己的财富欲望

1. 培养赚钱意识

2001年，几乎人人都知道有一本叫《谁动了我的奶酪》的书，书中讲的是穷则思变的故事。可以说，人们的财富欲望都是在寻求更高、更好的生活途中被激发起来的。

老朋友老同学很长时间不见，见了面总喜欢半开玩笑半当真地问一句："发财了吧？"语句中透露出对自己现状的不满和对财富的向往。这是人之常情，没什么好遮掩的。总是嫌自己的钱不够多，总是羡慕别人的钱挣得多、挣得快，这就是人对财富的欲望。

欧林在他的《创造金钱（Creating Money）》一书的前言中写道：

"崭新的时代来临了，整个人类正慢慢地觉醒到超意识的真相（super-conscious redity），在赚钱、花钱的方式上，你也会寻求能表达爱、幸福、和平、活力、宁静的更高特质的方式，并觉察到内在深处的你是谁。新时代将会为我们带来极大的创造力，并注入川流涌动的新观念。"

赚钱与保有财富的方式也在改变中。当你遵循财富的灵性规律，财富的流动量将会更大，更容易掌握，而带给你更多的喜悦。当你从事你的工作，尊敬并服从他人的更高目标时，你就在遵循着财富的灵性规律；当你与他人携手合作，而非与人竞争时，你也在遵循财富的灵性规律；让每一分财富、每一分能量都能使每一位参与其中的人换得胜利的局面，当赚钱、花钱与投资的方式都并没有伤及他人时，你就遵循了财富的灵性规律。

财富是一个极具威力的力量。因为你赚取、积蓄与消费金钱的方式，将决定你的每一笔金钱是否都能为你与另一个人之间，创造出真善美的力量。

致富的过程是一个心理及情感自我完善的过程，也是一个自我实现的过程。在这个社会、经济、生活的各方面都发生深刻变化的时代里，没有充实的物质条件，个体的心理同样会受到伤害。所以我们应培养努力赚钱的意识。

培养赚钱的意识，首先你要搞清楚你想要做什么，将你喜欢或你做得很好的事情列出清单，将这张清单当做你的致富之源。人们对别人做得很好的事情都会给个好价钱，检视一下你的清单，并想想你哪方面的专长可以让你赚到钱。写下你所有的想法，甚至看来好像疯狂或不可能的事情也没关系，许多天才的想法都来自于异想天开。

当我们无法单凭自己的想法赚到钱的时候，那就走进别人的创造天地，运用巧思来协助他人，找出它们特殊、非比寻常的能力，并使它开花结果。你可以替别人规划产品，也可以借助另一个人已有的产品来开发你自己的东西。

想个可以“寄生”在别的成功者身上的点子。比如，在《哈里·波特》的图书引起人们广泛关注的时候，马上有人将它拍成电影。再比如，卡通片《铁胆火车侠》得到了孩子们的喜欢，马上就有公司生产出配套的玩具、影碟等等。类似的例子举不胜举，他们的共同之处就是从一个成功的产品那儿寻找衍生物去赚钱，从别人成功的地方来激发自己的创造力。

另外，对财富的欲望会使你对新奇事物保持开放的态度和开阔的胸襟，这样有利于你打开思路，寻找赚钱的契机。如果你能对新奇的东西再做进一步的探究：这项新产品或新理论会引发什么样的新想法？它的用途及前景如何？它还有没有更多的利用价值？然后你才能表现自己的能力并充分地发挥其作用，在新事物当中找到可以赚钱的机遇。

财富是经济的哲学，它既研究怎样使一个人脱离贫困、经济充实的方法，更着重于帮助个体建立完善的人格，寻求享受真正人生的途径。激起自己的财富欲望，并在健全人格的帮助下，达到富裕的程度，这就是赚钱的真理。但是不要忘了，无论你是在奋斗的过程中，还是已经有了小小的财富，都不要把赚钱看成是最终的目标，而应该是享受人生。

2. 信念是取之不尽的力量源泉

如果你只要一文钱，你就只能得到一文钱；如果你想要充满喜悦和成功的人生，也同样会得到。

人们常把信念看成是一些信条，而它就真的只能在口中说说而已。但是，从最基本的观点来看，信念是一种原则和信仰，让人们明白了人生的意义和方向；信念是人人可以支取的力量源泉，且取之不尽；信念像一张滤网，过滤大家所看到的世界；信念也像大脑的指挥中枢，指挥大脑高效地运转。

自从有人类以来，不知有多少思想家、传教士和教育者都已经一再强调信心与意志的重要性。但他们都没有明确指出：信心与意志是一种心理状态，是一种可以用自我暗示诱导和不断锻炼出来的积极的心理状态。成功始于觉醒，心态决定命运！这是希尔·斯通等成功学大师的伟大发现，是成功心理学的卓越贡献。成功心理、积极心态的核心就是自信主动意识，或者称作积极的自我意识，而自信意识的来源和成果就是经常在心理上进行积极的自我暗示。反之也一样，消极心态、自卑意识，就会经常在心理上进行消极的自我暗示。就是说，不同的意识与心态会有不同的心理暗示，而心理暗示的不同也会造成不同的行为表现。所以说心态决定命运，正是以心理暗示决定行为这个事实为依据的。

找到你的自尊和自信，积极改变负面心态。

斯通讲过这样一个故事：

一个纽约的商人看到一个衣衫褴褛的铅笔推销员，顿生一股怜悯之情。他把1美元丢进卖铅笔人的盒子里，就准备走开，但他想了一下，又停下来，从盒子里取了一把铅笔，并对卖铅笔的人说："你跟我都是商人，只不过经营的商品不同，你卖的是铅笔。"

几个月后，在一个社交场合，一位穿着整齐的商人迎上这位纽约商人，并自我介绍："你可能已经记不得我了，但我永远忘不了你，是你重新给了我自尊和自信。我一直觉得自己和乞丐没什么两样，直到那天你买了我的铅笔，并告诉我，我是一个商人为止。"

"推销员"一直做乞丐，不就是因为缺乏自信心吗？就是从纽约商人的一句话中，"推销员"找到了自尊和自信，并开始了全新的生活，从中不难看出自信心的威力。缺乏自信常常是性格软弱和事业不能成功的主要原因。

斯通说："一个人只要有自信，那么他就能成为他希望成为的那样的人。"

居里夫人曾说过："生活对于任何一个男女都非易事；人们必须要有坚忍不拔的精神；最要紧的，还是自己要有信心。对一件事情具有天赋的才能，并且无论付出任何代价都要把这件事情完成，当事情结束的时候，你要能够问心无愧地说：'我已经尽我所能了。"

要树立自信心就必须相信自己。前世界拳击冠军乔·弗列勒每战必胜的秘诀是：参加比赛的前一天，乔总要在天花板上贴上自己的座右铭——"我能胜！"

贝尔发明了电话后，起初也不被理睬和相信，但是他信心十足，不断利用各种机会广泛宣传，终于把电话推广开来。

拿破仑·希尔指出："凡事往积极的方面思考，总会看到成功的曙光。"

对此，罗宾也深有感触：

有一天晚上，罗宾独自漫步于波士顿考伯利广场，此时已是夜深人静，广场的四周围绕着美国自新中国成立以来的各式建筑，他不由得端详起来。就在此时，他瞥见一个人摇摇晃晃朝他走来。那人似乎流浪街头已有多日，浑身都是酒气，愁容满面。

罗宾猜想他一定会走过来乞讨几文钱。果不其然，那人走向罗宾开口道："先生，能否给我一文钱呢？"起先罗宾有点犹豫，后来还是动了恻隐之心。一文钱实在是微不足道，但罗宾觉得至少可以给他一个指点。"一文钱？你就只要一文钱吗？"那人忙不迭地说："就一文钱。"罗宾把手伸到裤袋里，掏了一文钱给他，同时说："人生能得多少，就看你要求多少。"那人听了不置可否，然后转身离去。

望着他走远的背影，罗宾十分感叹，为何成功的人和失败的人有如此悬殊的差异？为何自己的人生充满了喜悦，事事都那么顺利；而他，一位六十开外的老人，却得露宿街头，靠乞讨为生。

当年罗宾也曾与那人一样落魄，只不过没喝那么多的酒和流浪街头，但今天罗宾却像变了个人似的。难道说这是上帝特别恩待罗宾？罗宾与那人之所以不同，答案就在于罗宾对那人说的话：人生能得多少，就看你要求多少。

如果你知道如何控制自己的心态和行为，你就无所不能；如果你晓得如何争取，就必然能得到你想要的。每个人都会遭遇相同的人生挑战，但各人境遇会有不同，全在于如何去面对那些挑战。

举了这么多的例子，就是想告诉你一个道理，信念对一个人很重要。你想要赚一个亿，你就要相信你能赚一个亿，最关键就是要有信念。

3. 想得越多，赚得越多

"华歌尔"内衣进军国际市场，总经理山本幸一先生功不可没。他曾对人说："因为我有五十年的经营计划，所以才有今日。"

1946年山本先生身无分文进入妇女服饰业。1949年，他由服饰业进入更大市场空间的妇女内衣业。那时的日本女性还不知道什么是胸罩，山本先生却预测到时代的潮流，认为日本女性将与欧美女性一样戴上胸罩，于是开始尝试制造。

这种预测，用今天的观点来看，实在是令人不敢尝试的冒险，因为当时的日本女性并无这个习惯，因此百货公司非常排斥此种商品，可以说有行无市。

处于此逆境之中，山本先生于1950年的元旦，刚好满三十岁之时，订立了自己的人生规划，以每十年为一个单位，立下了未来五十年的经营计划：

（1）1950年（三十岁）——国内市场的开拓。

（2）1960年（四十岁）——国内市场的确立。

（3）1970年（五十岁）——海外市场的开拓。

（4）1980年（六十岁）——海外市场的确立。

（5）1990年（七十岁）——称霸世界。

最初的十年为基础架构，接下来的十年为国内市场的确立，下一个十年为海外市场的开拓，接下来的一个十年便成为世界性的企业，最后的十年则称霸于世界。这确是一个远大的计划。

当时没有人相信这个计划能够实现，都说他是在吹牛。

山本先生伟大之处就在于懂得生活的真谛，宏大的计划谁都会做，但是能实现的却很少，而山本先生就是能一步一步地完成。

这也是一个有为者的故事，50年的计划，一步步坚持就实现了。大多数人会制定赚钱计划，而不可能真正去做，其实赚钱是想的越多，赚得越多，如果你只想赚1个铜子，那就绝对赚不了10个铜子，如果你想赚1个亿，那你赚的就绝对不止10个铜子。

三、好主意，赚大钱

1. 抓住财富的灵感之手

（1）收集信息，点石成金

悟者，感悟、顿悟、联想、分析也，人有灵犀，豁然开朗，就是“悟”的结果。悟是特异功能还是第六感官？显然两者都不是。其实悟还是需要一定条件依托的，只不过有些人善于此道，有些人不善于此道罢了。成功商人的高明之处就在于善悟。

在第二次世界大战的一场战役中，苏军与德军相持不下。一天，在两军阵地交界处不远的地方，一位正在值勤的苏联红军突然发现德军阵地上有一只猫，他马上想到了这个地方有可能是德军司令部，于是，他把这一情况很快报告给了上级。经过继续观察，一连三天都发现那只猫经常出现，苏军方面迅速调集炮兵，向那个地方猛烈轰击，战役结束后证实那个被摧毁的地方果然是德军的一个司令部。

一个普通士兵看到一只猫而断定那是德军的司令部，这就是一种悟性。自然这种悟性是有一定根据的，因为在那种残酷的战争环境下，养猫人肯定不是一般的士兵，必定是一位高级军官，而家养的猫不会走远的，一连几天都出现在同样的地方，那个地方就很有可能是高级军官的驻地，也就是说那个地方极有可能就是德军的作战指挥部或司令部。事实证明了这个士兵的推理，这自然是一个完美的推断。可现实生活中，很多人没有养成分析问题的习惯，对很多有价值的东西视而不见，听而不闻，这是很可惜的。

战争信息如此，商业信息何尝不是。哈默就是一位利用信息赚大钱的典型代表。

当时，富兰克林·罗斯福正在竞选总统，正在逐渐走近白宫总统宝座，哈默的眼睛虽然盯着罗曼诺夫艺术品的销售生意，可是他的耳朵却在打听着总统竞选的事情，他听到了一个清晰的信息：新政。哈默的精明就在于他能对捕捉到的信息迅速领悟，并作出惊人的判断。他认为，有朝一日，只要罗斯福的新政得势，那么，禁酒法令就会被废除。

果然不出他的预料，富兰克林·罗斯福在1933年宣誓就职，接着就签署了一道法令：废除禁酒令。14年来，全美国都实行禁酒令，但事实上，人们一直暗中走私酒，可以说是有令不行。

罗斯福解决这个矛盾的方法很直接，就是彻底废除禁酒令，谁想喝酒就喝个够。

废除禁酒令之后，脱销的商品不是啤酒，而是装啤酒的酒桶，特别是经过处理的白橡木制成的酒桶（可用来装啤酒和威士忌的那一种），在市场上已没有销售。

哈默清楚地知道在哪里可以弄到桶板，那就是苏联。

他在苏联住了很久，苏维埃政府有哪些东西可以出口，他是一清二楚的。在两个月之前，也就是他认为罗斯福很可能当选总统的那个时候，他就发电报给苏联外贸部，订购了几船桶板。

哈默洋洋自得，但他并没有预料到，运来的不是成型的桶板，而是一块块晾干了的白橡木板，还要经过加工才能制成桶板。

当哈默订购的几船桶板抵达纽约时，他才发现这个问题。在全美国无法找到一家这样的加工厂，哈默感到意外，自然也很沮丧。眼下只有一条出路：立刻创办自己的桶板加工厂。

在停泊苏联货船的布鲁克林，哈默利用纽约船坞公司的一个码头修建了一座临时的桶板加工厂，当时到处都可以找到在禁酒时期被解雇的桶板加工工人，他们都很乐意重操旧业。

禁酒令废除之日，也正好是他的酒桶从生产线上滚滚而出的时刻。安休斯、布希、库尔斯、申利和其他各家制酒厂用高价把哈默制桶公司的酒桶抢购一空。

不少人看到哈默将大把的美元装进了腰包，眼都气红了，但这些商人看到的只是哈默挣钱的表面现象，而没有看到背后哈默所花费的脑筋和精力，哈默的运气全在“悟”上。

无独有偶，在中国西部农村，有一位叫张永旺的青年农民，他的“悟”性比哈默还高。当时中国西部很穷，还未开通火车。有一天，当张永旺看到有人进行勘测时，他马上意识到这里要通火车，而且这个县城还是一个大车站。于是他承包了300亩荒山，全部种上了梨树。因为梨树在那个地方极易成活，而且结出的梨口感好、个大、水分足。好多人对他的举动不以为然，认为他在自讨苦吃，因为几乎家家都有梨树，没有人会买他的梨的。没过几年的时间，这里果然通火车了，张永旺种的梨树也随之有了效益，他把那些梨都运往外地并因此赚了一大笔钱。这时那些人才反应过来，也赶忙栽种梨树，但梨树并不是种上就能结果的，等到别人的梨树结果时，张永旺的梨树正是产果的最佳树龄。

这时的张永旺却做了一个让人吃惊不小的举动，他把自家300亩梨树砍掉了近一半，种上了一种丛生性的荆条。原来，张永旺发现了一个情况，就是来批发梨的人不愁买不到梨，犯愁的是没有装梨的筐。于是，他马上种植了当年就见效益的荆条，又招了一批人日夜编织装梨的筐，在致富路上又走在了别人前面。张永旺也因此在当地一举成名，成了传奇式的人物。

当有了一定资金后，张永旺在火车站附近开了一家西服店，可一连好多天都无人问津。大约过了一个半月左右，在张永旺西服店对面又开了一家西服店，而且同样的西服要比他那里的西服便宜许多。这样一来，张永旺西服店的生意更冷清了，而对面的生意却慢慢好起来，于是他怒气冲冲地去找这家西服店理论。正在这时，日本丰田汽车公司中国销售区的总经理慕名前来拜访张永旺，看到眼前吵架的情形，大失所望，准备折道回府，但又马上察觉到这里面另有文章。后来，这位经理终于把事情弄清楚了。他马上向张永旺发出了年薪15万元的聘用书，要他到丰田汽车销售公司做销售部的主任。原来那两家西服店都是张永旺开的，这种绝妙的经营手段真可谓空前绝后啊！

我们不禁惊诧于张永旺的经营手法，不得不佩服他的“悟”功。在市场经济激烈的竞争时代，这种经营手法似乎让人感到艺术化了，是一种美妙至臻的境界，让人没有理由不为他的经营智慧喝彩，更让那些多年在商海拼搏而不见成就的人汗颜。

（2）抓住突现灵感，联想发财

事物是相互联系的，如果找到联结事物的链条，就找到了打开财富之门的钥匙。

吉田正夫是日本人，最初靠做一点小买卖糊口，虽然起早贪黑地经营，仍赚不到几个钱，生活十分艰苦。一次，他到外地探亲，在市集看见一位渔民正摆卖一种小虾，这种小虾不是供人们食用的，而是用来观赏的。

吉田正夫细看这些小虾，觉得十分新奇。那一对对寄养在石堆的小虾，悠闲地生活在石缝中，十分好看。原来这些小虾出产于日本的南方，自幼就习惯于成双结对地在石缝里生活，当它们长大后，却无法从石缝中出来了，就这样在那里度过它们的一生。

渔民们根据这类虾的特性，捕捞上来后，把它们一对对地放在稍作加工的石缝中，注入清水，略加装饰，便作为观赏性的小动物出售。

听了关于小虾的故事，吉田正夫想，这种小虾成双结对地在石缝中生活一辈子，不是可作为爱情专一的象征吗？这对那些期望白头偕老的情侣也许有特殊的吸引力。

吉田正夫顾不得探亲了，急忙赶回东京，经过一番筹划后，他在东京开办了一间婚庆礼品店，专卖这种小虾。经过精心设计的对虾纪念品，使用一个小巧玲珑的玻璃箱，将人工制作的假山石置于其中，成为小对虾的“房子”，再装饰一些水底植物，盛入清水，对虾在“石房子”里生活得十分安逸。纪念品上附有简短说明，把小对虾从一而终、白头到老的经历描绘得真切动人，激起新婚夫妇的共同心愿，使大家觉得非买这种吉祥如意的纪念品不可。甚至许多老夫老妻，看见这种寓意深远、美观可爱的小宠物，也纷纷买一件回去作观赏和纪念。吉田正夫旗开得胜，这一产品一下子成为东京最畅销的纪念品。他根据市场需求情况，很快在东京各区及日本其他城市开设了分店，生意十分兴旺，没几年工夫，他已腰缠万贯了。

在街上行走的一个陌生人跟你有什么关系？你可以认为他跟你一点关系也没有，也可以认为他跟你关系很大。比如，他可能需要某件或某些商品，那么，你就可能跟他成交一笔生意；他可能知道一些信息，而这些信息对你可能会很有用。

并不是说应跟每一个人建立关系，只是每一个人、每一件商品都存在给你带来财富的可能性。如果你能找到一个跟别人之间的合适的联结点，就能得到财富。在上例中，吉田正夫将小虾与情侣联系起来，终于找到了跟顾客之间的一个极好的联结点。那么，还有没有类似的或更好的连接点呢？我们不妨开动脑筋，浮想联翩，天下人很多，物也很多，存在着无数个尚未被发现的联结点，也许哪天我们灵感迸发，能找到一个，那么，财富之门就向我们打开了。想要靠灵感带来点子发财，就一定要养成分析事物的习惯。灵感不会无缘无故冒出来，就像煮开水一样，总要到一定火候，才会咕嘟咕嘟冒气泡。

另外，还要勇于尝试。可能很多人有过这样的经验：想到了一个好点子，因为种种原因没有去实行，等到别人做了之后，这才感到后悔。获取财富与否的关键不是想不到，也不是做不到，而是做不做。

（3）帮助别人，自己不亏

为了成功，不要不择手段，不能不用手段。

1960年，劳埃德在英国的泰晤士河边开了一家咖啡馆。很快，这家咖啡馆就成了船老板、商人、船员等聚会的地方，很多信息都在这里交流，这里成了一个信息通道。

英国之所以成为世界强国，海运事业的高度发达起到了重大的作用。酒店、咖啡店等地方成了那些闯荡大海的人的必到之处。他们在那里畅谈海外的奇闻轶事，回首航海中的风雨历程，有喜怒哀乐，有悲欢离合。高兴的人庆贺自己一帆风顺，满载而归；悲伤的人哀叹自己海上遇险，血本无归。

一天，咖啡馆老板劳埃德听到一个海员在喝咖啡的时候说，有一个伦巴第人在搞海运保险。这随随便便的一句话，在劳埃德的心中却掀起了波澜。他想：我何不利用现在的条件，与这些老顾客们联手搞一搞海运保险呢？

他把计划告诉别人，很多人都说，这是很危险的，大海无情，海浪经常是很容易就把一条大船掀翻的，你赔得起吗？这就等于拿着英镑往大海里扔！

他感到有些犹豫，又不断地咨询那些从事海上贸易的老板，老板们对此很感兴趣。接着很多船长、船员、货主、商贩等纷纷表示，如果哪个人愿意来搞海运保险，他们都参加。这些人观点明确，在有了保障的前提下，谁都想碰碰运气，即使失败了，也不会血本无归。

有了这些人的支持，劳埃德终于下定了决心。不久，一家“劳埃德保险公司”就在泰晤士河畔成立了。

他的保险公司生意一下子就火起来了，昔日一个小小咖啡店的老板，摇身一变，成了保险业的领军人物。

劳埃德保险公司的发展是很迅速的，他除了海运保险，还发展了大到火箭发送、人造地球卫星、受到战火威胁的超级油轮，小到电影明星的漂亮脸蛋、脱衣舞女的秀腿等业务，真是无所不保。

劳埃德，成为英国人引以为自豪的世界上最大的保险业巨头！

劳埃德的做法不难理解，而洛克菲勒的举动着实让人吃了一惊。

第二次世界大战之后不久，战胜国决定成立一个处理世界事务的联合国。可是联合国设在什么地方，一时间成了一个颇费脑筋的问题。按理说，联合国的地点应该设在一座繁华的城市。可是，在任何一座繁华的城市建立联合国的总部都必须有大量的资金来建造楼房，而刚刚起步的联合国总部却是“说起钱就不亲热”了——无力支付这样一大笔巨款。

正当各国的首脑们商量商量来去的时候，美国的洛克菲勒家族知道了这个消息。他们立即出巨资870万美元在世界级的大城市纽约买下了一块土地，并且同时买下了这块土地周围的大量土地。在人们惊异的目光中，洛克菲勒家族把这块870万美元买来的土地无偿捐给了联合国。

联合国大厦建起来之后，周围的土地价格立即飙升了上去。没有人能够计算出洛克菲勒家族经营这片土地到底赚回来多少个870万美元。

洛克菲勒家族之所以能够收获这丰厚的回报，就是因为他们播下了一粒智慧的种子。这是睿智，这是胆略，这是智谋。

生活从来不会主动向人们诉说什么，只有时间会告诉人们真理。洛克菲勒家族的成功告诉我们：帮助别人就是帮助自己，要想收获就必须先给予，而关键是看准了就大胆地去做。多动脑筋，多想点子，钞票自然就来了。

（4）一只鼷鼠带来的灵感

华德·迪斯尼夫妇因贫穷付不起房租，被房东赶出了公寓。这对年轻夫妇坐在公园的长椅上为前途发愁。这时，迪斯尼的行李里，伸出一个小脑袋，原来他平时喜爱的鼷鼠也随他一起搬出了公寓。

迪斯尼心动了，他想在世界上像他们这样穷困潦倒的人，谁不喜欢此刻鼷鼠的可爱模样呢？如果把它画出来，肯定能抚慰人们的心灵。

全世界的人都熟悉的米老鼠正是在这一时刻诞生的。

一只鼹鼠使迪斯尼产生灵感，经过创意，获得了成功，也使他誉满全球，成为世界知名的富翁。

（5）“旗大王”一举两得

茂丰旗篷厂老板王隆基在上海滩赢得了“旗大王”的称号，他在上海滩创下了两个关于旗帜的吉尼斯之最：飘扬在上海上空最高的国旗——巍峨的南浦大桥主桥桥头高达24米的旗杆和五星红旗，是“旗大王”制作的；上海市第一位向举世瞩目的首届东亚运动会捐款的企业家是“旗大王”。

就说向首届东亚运动会捐款那件事吧！东亚运动会筹备工作刚开始，很少有人向筹委会捐款。可是，“旗大王”跑到市体委，明确表示愿意捐款，而且一开口就是30万元。他的这一举动自然博得了市体委领导的赞赏。当问到“旗大王”有些什么要求时，“旗大王”表示不奢求开幕式那天的主席台贵宾券，搞旗篷的更应为振兴上海出力。作为一种回报，筹委会将首届东亚运动会旗帜的生产权回赠给了“旗大王”。

“旗大王”向东亚运动会筹委会捐款的目的是使其名声远扬并打开销路，而他也的确做到了一举两得，名利双收。

抓住财富的灵感之手，想出好主意，就能赚大钱。

2. 出奇制胜，财源滚滚

（1）阿迪达斯利用“冠军”

德国的阿迪达斯是世界最大的体育用品公司之一，它生产的阿迪达斯足球鞋，足球爱好者可谓无人不知。阿迪达斯运动鞋走向世界的契机是1936年的奥运会。这一年，公司创始人阿迪突发奇想，制作了一双带钉子的短跑运动鞋。怎样使这种样式特别的鞋卖个好价钱呢？为此阿迪颇费了一番脑筋。他听到一个消息：美国短跑名将欧文斯最有希望夺冠。于是他把钉子鞋无偿地送给欧文斯试穿，结果不出所料，欧文斯在那届运动会上四次夺得金牌。当所有的新闻媒介、亿万观众争睹明星风采时，那双造型独特的运动鞋自然也特别引人注目。奥运会结束后，由阿迪独家经营的这种名为“阿迪达斯”的新型运动鞋便开始畅销世界，成为短跑运动员的必备之物。

以后，每逢有新产品问世，阿迪总要精心选择试穿的运动员和产品推出的时机。

1954年，世界杯足球赛在瑞士举行，年事已高的阿迪又推出一个新品种——可以更换鞋底的足球鞋。决赛那天，体育场一片泥泞，匈牙利队员在场上踉踉跄跄，穿阿迪达斯的德国队员却健步如飞，首次登上世界冠军的宝座。阿迪达斯新型运动鞋又一次引起轰动，整个联邦德国乃至全世界的体育界都成为阿迪达斯的商业舞台，产品几乎供不应求。

1970年，墨西哥世界杯足球赛开幕，人们惊异地发现联邦德国名将乌韦·赛勒尔在绿茵场上驰骋如故。而在此之前他腿部受伤的消息已传扬多时，许多人都在深深地为他惋惜。阿迪特意为赛勒尔赶制了一双球鞋，使他得以重返球场。赛勒尔的这双鞋自然又一次成了赛场新闻而传遍世界，阿迪达斯又和明星的名字联系在了一起。

阿迪达斯运动鞋与冠军产生了“必然”的联系，穿上它就意味着成功。看来，把握产品推出时机，“借”运动员声誉创出名牌产品，成为阿迪屡屡成功的良策。

（2）“娃哈哈”乐哈哈

在商场上，企业内部常常出现混乱现象，这一方面是由于其内部经营管理不善而造成的，另一方面则是由于外部环境的变化或竞争对手人为造成的。企业经营者面对处于混乱的窘境之中的同行，在法律允许的范围内，完全可以量力而行兼并之。这种兼并不仅表现为大企业兼并小企业，而且表现为一些经济效益显著、产品市场占有率高的小企业，趁着大企业混乱时将其兼并。

杭州娃哈哈营养食品厂是以生产“娃哈哈”著名的约百余人的校办企业，但年产值却高达1亿元，利润2200万元，产品供不应求，急需扩大规模。厂里曾想新铺摊子，征地建厂房，但又怕动用资金太大，二三年翻不了身，白白错过了产品销售的黄金季节。为了尽快扩大再生产，他们决定兼并杭州罐头厂。因为该厂虽有职工1500人之多，但是经营机制不活，管理不善，经营十分困难，产品大量积压，连续三年亏损，累计达1700多万元，企业奄奄一息，上下一片混乱。当两家厂合并为一家后，改名为杭州娃哈哈食品集团公司。

公司大胆进行三方面的改革：一是调整产品结构，停止一切亏损罐头产品的生产，转产优势产品“娃哈哈”营养液；二是改革内部分配制度，打破大锅饭，完全实行超额计奖；三是根据生产需要，合理设置内部机构，自主聘选干部。该公司成立3个月，就新增利润100多万元。

娃哈哈乱中取胜，可谓大智大勇。

（3）波音公司受骗记

1973年，前苏联人在美国放风说，打算挑选美国的一家飞机制造公司为前苏联建造一个世界上最大的喷气式客机制造厂，该厂建成后将年产100架巨型客机。如果美国公司的条件不合适，就将同英国或原联邦德国的公司做这笔价值3亿美元的生意。

美国波音飞机公司、洛克希德飞机公司和麦克唐纳·道格拉斯飞机公司三大飞机制造商闻讯后，都想抢到这笔“大生意”。所以，他们便背着美国政府，分别同前苏联方面进行私下接触。前苏联方面则在它们之间周旋，让它们竞争，以更多地满足苏方的条件。

波音公司为了能够抢到这笔生意，首先同意前苏联方面的要求：让20名前苏联专家到飞机制造厂参观、考察。

在波音公司，前苏联专家被视为上宾，他们不仅仔细参观了飞机装配线，而且钻到机密的实验室里“认真考察”；他们先后拍了成千上万张照片，搜集了大量的资料，最后还带走了波音公司制造的巨型客机的详细材料。

波音公司热情地送走前苏联专家后，满心欢喜地等待他们回来谈生意、签合同。岂料这些人却有去无回。后来，美国人发现苏联人利用波音公司提供的技术资料设计制造了伊柳辛式巨型喷气运输机。这种飞机的引擎是美国罗尔斯—罗伊斯喷气引擎的仿制品，而且有关制造飞机的合金材料，也是从美国获得的。

原来，前苏联专家穿了一种特殊的皮鞋，其鞋底能吸引从飞机部件上切削下来的金属屑，带回去一分析，就得到了制造合金的秘密。

这一招，使得一向精明的波音公司叫苦不迭，有苦难言。

这一例中，前苏联为了获得美国制造巨型客机的详细材料，故意放风说要挑选美国的一家飞机制造公司为其建造喷气式客机制造厂，从而瞒住了波音公司，获得了巨型客机的制造材料和有关制造飞机的合金材料的秘密。

出奇制胜的招数很多，只要能想得到，再认真去实施，就能获取财富。但有一点：切不可遇事就追求出奇，有时这样可能会误事！

3. 读懂人心，靠点子赚大钱

我们常常可以听到有人说生意不好做，现在是买方市场，卖东西很难。但实际上，只要想出一个好点子，就能够改变局面，获得成功。

在经济大萧条时期，日本的许多中小企业纷纷破产，其中一家水果店也受到很大冲击，老板惨淡经营，举步维艰。

但老板很有经济头脑，他不甘心就此失败，经过一番苦思冥想，他想出了一个绝好的点子，于是派人去苹果产地预先订购一批苹果，在成熟以前用标签贴在苹果上，当苹果完全变红之后，揭下标签纸，苹果上就留下了一块“空白”。

水果店老板从客户名录中挑选大约200名订货数量较大的客户，把他们的名字用油性水笔写在透明的标签纸上，请人一一贴在苹果的“空白”处，然后随货送给客户。结果几乎所有的客户都对这种苹果感到惊讶并受到感动，因为客户们认为商店真正把他们奉为上帝并且放在了心间。

当周围几家水果店终于无力支撑倒闭关门之时，这家水果店的水果销售量却大增，顾客盈门，而且还扩大了门面。

一定不要忽视每一个小小的富有人情味的细节和举动，或许那正是我们人际关系和事业成功的关键。

一生跨越19世纪和20世纪的英国著名作家威廉·萨默塞特·毛姆，留给了世人《人性的枷锁》、《月亮与六便士》等著名长篇小说。然而，使他在世界上获得更大声誉的还是他的短篇小说。可谁会想到，这位大名鼎鼎的小说家在成名之前生活拮据，常常饿着肚子写小说。

这一天，眼看就要“山穷水尽”了，毛姆不得不厚着脸皮，来到一家报社广告部。找到主任后，毛姆结结巴巴地说：“先生，请帮我一把吧……我要推销我的小说……想来想去只能求助于报社登广告了……另外还想请您帮忙，在各大报纸上都刊登。”

“各大报纸？”广告部主任惊讶地瞪大了眼睛，“亲爱的毛姆先生，您有那么多钱吗？”

“有，这广告刊登后，我的书肯定会畅销。您肯帮我先垫付吗？到时候我一定加倍还您。”毛姆满脸自信。

广告部主任还没有反应过来，毛姆却已递上了早就拟好了的广告词。只见这位主任慢腾腾地接过来，漫不经心地瞟了一眼，顿时把眼睛瞪大了，他一拍桌子大声说道：“好！这主意太棒了！我帮你的忙！”

第二天，各大报纸都同时刊登了这样一则征婚启事：“本人喜欢音乐和运动，是个年轻而又有教养的百万富翁，希望能和毛姆小说中的主角完全一样的女性结婚。”

犹如一瓢水泼进油锅，女性读者不等读完第二遍启事，拔腿就冲向书店，争购毛姆刚出版的那本小说。回到家，她们纷纷关起门来仔细阅读，扪心自问像不像毛姆小说里的女主角。犹如镜子般平静的水里倒进了沸腾的油，男性读者一边心急火燎地赶路，一边暗暗盘算，快买一本毛姆的小说，看看毛姆小说中的女主角是啥样子，猜猜自己的女友现在是啥心理状态，也好对症下药，免得自己的女友投入那百万富翁的怀中！

三天后，整个伦敦的所有书店依然拥挤着急欲购买毛姆小说的读者，可营业员只能扯着嗓子嚷嚷："没有了，没有了，本店一本也没有啦！我们已向出版社增订，很快就会来的。"

毛姆拮据的生活不再拮据，那广告部主任原本富裕的腰包也更加富裕——都是靠这奇妙的征婚启事。

善于运用"点子"和谋略的人，常常对人情世故了如指掌，能够借助于直觉思维寻求摆脱困境的方法。毛姆的"启事"集中说明了这一点，即女性读者急欲知道自己是不是像毛姆小说里的女主角，男性读者急欲知道自己的女友是不是会投入那百万富翁的怀中。所以，要善于想象。要在某些科学事实和已有知识的基础上，让思维自由神驰，构思出形象的图景，从而领悟事物的本质和规律性。丰富的想象力，反映着主观思维的自由度，对战胜对手有重要影响。

这两则小故事，无不是抓住了人们的心理。人心是一种奇妙的东西，只要能抓住人们的心理，让他们购买产品就再容易不过了。

4. 用脑子去闯路子

（1）借鸡生蛋，白手起家

当我们两手空空的时候，不妨问一问：我真的一无所有吗？

美国船王丹尼尔·洛维洛从小就和船结下了不解之缘，并梦想自己能成为一名"船王"，但他是个穷光蛋，连买一条旧船的资金也没有，为此，他想出了一个"借鸡生蛋"的办法。

他打算向银行贷款把一艘货船买下来，改装成油轮，因为载油比载货更有利可图。

银行的人看了看他那磨破的衬衫领子，问他有什么可做抵押。洛维洛将自己的打算告诉对方：他将把油轮租给一家石油公司。他每个月收到的租金，正好可分期还他要借的这笔款。因此，他建议把租契交给银行，由银行向那家石油公司收租金，这样就等于他在分期还款。

这种做法听起来有些荒唐，银行好像是不应该接受的。但实际上，这对银行还是相当保险的。

洛维洛本身的信用也许不很大，但是那家石油公司的信用却是可靠的，银行可以假定石油公司按月付钱没问题，除非有预料不到的重大经济灾祸发生。退一步说，假如洛维洛把货船改装成油轮的做法失败了，但只要那艘船和那家石油公司继续存在，银行就不怕收不回钱。

结果，银行就这样把钱借给了他。

洛维洛用这笔钱买了他所要的旧货船，改装成油轮租了出去，然后用这艘船作抵押，又借了一笔钱，再去买一艘船。

这种做法延续了几年。每当一笔债付清之后，洛维洛就成了某条船的主人，租金不再被银行拿去，而由他放入自己的口袋。

他的资金状况，他的信用程度，他的衬衫领子，都迅速地改变了。

他没掏一分钱，便拥有了一支庞大的船队，并成为世界著名船王。

“借鸡生蛋”的要点在一个“借”字，必须以信誉作保障。在上例中，洛维洛之所以能借到钱，是因为他巧妙地利用了石油公司的信誉，并提出了合理的方案，使还钱有保障，并在借与还的良性循环中不断树立自己的信誉。所谓“有借有还，再借不难”，信誉越好，借钱越容易，生意才能越做越大。

就像练武功一样，境界不高的人，再怎么练，武功也高不到哪儿去。那些目光短浅、极端自私的人不可能将此招的威力充分发挥出来，他们只管如何借到钱，从不考虑怎么还，往往是借东家、欠西家，到了该还钱时，又东躲西藏，推三阻四。其实，这不叫“借鸡生蛋”，而是杀鸡取卵，自绝财路。

如果拿定主意要用此法，在正式运用之前，应先积累信誉。平时只要有适当的理由，就去向银行或私人借钱，并保证到期归还。

在借钱之前，要先考虑自己的偿还能力，量力而行。只要一步一个脚印走下去，哪怕开始的起点不高，迟早也能做大。

万一生意遭受挫折，造成偿付困难，要尽量取得债主的同情和支持，重新商榷还款期限，并在还款期限内陆续偿还部分欠款，以安其心，并表示出自己的诚意。要知道，信誉是你的财源，只要信誉还在，哪怕一文不名，也有东山再起的机会。躲避债务将使自己好不容易建立起来的信誉毁于一旦，那往往意味着彻底的失败。

（2）多留心，处处有商机

现在，我们身处信息时代，信息就是我们创业的基础。所以，捕捉信息，就是成功创业的点子之一。香港假发业之父刘文汉先生，就是因为善于观察和思考，从而在生意场上大获成功。

20世纪60年代中期，不满足于经营汽车零件的小商人刘文汉去美国旅行，考察美国的市场，同时也想学一学经商之道。有一天，他去克利富兰市的一家餐馆跟两位美国朋友共进午餐。美国人一边吃一边谈着各自的生意经，一位无意间提到“假发”两个字。刘文汉心中一动，脱口叫道：“假发？”美国商人又一次补充道：“假发，是的，我想购买13种不同颜色的假发。”

就是餐桌上这席普通的谈话使刘文汉开了窍。他充分利用自己敏捷的思维，很快就作出正确判断：假发中大有文章可做，这其中蕴含着无穷的商机。

回到香港，刘文汉立刻着手调查制造假发的原料来源。经过调查研究他发现，从印度和印尼输入人发，在香港制成各种发型的假发，其成本相当低廉，最贵的每个不超过11港元，而一个假发的售价却高达数十美元。刘文汉喜出望外，立即决定在香港创办假发工厂。

刘文汉先请来一位内行师傅，又招来一批工价低廉的女工，精通机械之道的他立即着手改造出制造假发的操作机器，然后手把手地教那些工人操作。就这样，各种颜色、式样的假发在刘文汉的工厂里大批量生产出来了。消息在市场上不胫而走，订货单像雪片般地飞到了刘文汉的工厂里。到了1970年，刘文汉的假发工厂销售额已经达到了10亿港元。

从刘文汉先生成功的经验来分析，如果不是仔细观察和分析研究，他就不会取得如此辉煌的成就。当然，他的顽强意志、相机而断以及所具有的相关知识，也为他的成功提供了很多有利条件。但是，我们不可否认，在刘文汉成功的事例中，敏锐的洞察力起了决定性的关键作用。如果是一般人，很可能随意地放过这个看似微不足道却大有潜力的信息，而刘文汉先生不仅捕捉到了它，而且还进行了缜密的考虑，确定了自己经营的目标，从而取得了巨大的成就。

金娜娇，京都龙衣凤裙集团公司总经理，下辖9个实力雄厚的企业，总资产已超过亿元。她的传奇人生在于她由一名曾经遁入空门、卧于青灯古佛之旁、皈依释家的尼姑而涉足商界。也许正是这种独特的经历，才使她能从中国传统古典中寻找到契机；又是她那种“锲而不舍”、孜孜追求的精神才使她抓住了一次又一次的创业机遇。

1991年9月，金娜娇代表新街服装集团公司在上海举行了隆重的新闻发布会，在返往南昌的回程列车上，她获得了一条不可多得的信息。

在和同车厢乘客的闲聊中，金娜娇无意得知清朝末年一位员外的夫人有一身衣裙，分别用白色和天蓝色真丝缝制，白色上衣上绣了100条大小不同、形态各异的金龙，长裙上绣了100只色彩绚烂、展翅欲飞的凤凰，被称为“龙衣凤裙”。金娜娇听后欣喜若狂，一打听，得知“员外夫人”依然健在，那套龙衣凤裙仍珍藏在她身边。虚心求教一番后，金娜娇得到了“员外夫人”的详细住址。

这个意外的消息对一般人而言，顶多不过是茶余饭后的谈资罢了，有谁会想到那件旧衣服还有多大的价值呢？知道那件“龙衣凤裙”的人肯定很多，但究竟为什么只有金娜娇才与之有缘呢？用上帝偏爱金娜娇来解释显然没有道理，重要的在于她“懂行”，在于她对服装的潜心研究，在于她对服装新品种的渴求，在于她能够立刻付诸行动。

金娜娇得到这条信息后心更明眼更亮了，她马上改变返程的主意，马不停蹄地找到那位年近百岁的“员外夫人”。作为时装专家，当金娜娇看到那套色泽艳丽、精工绣制的龙衣凤裙时，也被惊呆了。她敏锐地感觉到这种款式的服装大有潜力可挖。

于是，金娜娇毫不犹豫地以5万元的高价买下了这套稀世罕见的衣裙。机会抓到了一半，开端比较运气、比较顺利。

把机遇变为现实的关键在于开发出新式服装。回到厂里，她立即选取上等丝绸面料，聘请苏绣、湘绣工人，在那套龙衣凤裙的款式上融进现代时装的风韵。功夫不负有心人，在广交会的时装展览会上，“龙衣凤裙”一炮打响，国内外客商潮水般涌来订货，订货额高达1亿元。

就这样，金娜娇成功了！金娜娇由中国古典服装开发出现代型新式服装，最终由一个“道听途说”的消息开拓了一个广阔的市场。她的成功给我们很大的启发。

要培养敏锐的洞察力，就需要我们平日就要多加留心身边的各种事物。而且光有信息还不够，还要对信息进行具体的分析，这样才能得出正确的结论，作出正确的抉择。如果有了信息而不对它进行仔细的分析研究，那么信息始终只是一些粗略的表面现象，你也就永远无法触及实质。因此，在我们通过观察获得信息之后，要充分发挥自己的主观能动性，对表面的现象进行深刻、仔细的研究分析，把握其实质性的东西。

（3）轻松创造财富，给自己一个创意

有许多人，总是苦于自己没有发展的机遇，认为自己迟迟不能成功的原因就在于幸运之神没有眷顾他。其实，这种观点是错误的。因为很多时候，机遇就在你的前方等待着，关键是你有没有一双发现机遇的慧眼，有没有一个由“发现”形成创意的脑子。

同是一件废旧物品，在常人眼里毫无价值，但在精明商人的眼里，却闪着珠光宝气。因为其中存在着人生事业的发展机遇。

在北京，有一位年轻人，生活十分拮据，但他有着丰富的想象力。一天，他把自己穿烂的一只皮鞋随手丢在地板上，谁知这只皮鞋鞋尖开了口子，像是咧着嘴在嘲笑他。当他一怒之下要把它抛到楼下去时，忽然从中萌发了创意。因为这只皮鞋的样子酷似一张脸谱。于是，他立即收集各种破皮鞋，并对它们进行艺术加工，使之变成一副副外形各异、表情极为夸张的脸谱，有的露齿微笑，有的瞪眼发怒，有的张口狂笑，看后令人既惊且喜，回味无穷。这些有特色的脸谱推上市场后，很快成为抢手货，这位曾经十分潦倒落魄的青年也因此苦尽甘来。

一位江西青年，尽管失业在家，但他喜欢琢磨事情。于是，他开始经营地板砖，由于同行多，竞争激烈，生意一直做得很艰难。一天，他去厂家进货，当看到工厂旁堆着许多无人问津的破损地板砖时，他忽然觉得这是个很好的赚钱机会。因为破损地板砖经过切割后，可以加工成正品地板砖或地脚线。于是，他立即大量购进这些破损的地板砖，用切割机按统一规格进行切割，再以适当价格售出，获利甚丰。

怎样才能使洗衣机洗后的衣服上不黏上小棉团之类的东西？这个曾经令科技人员大感棘手的问题却是由一位家庭妇女解决的。

日本一位家庭妇女，在用洗衣机洗衣服碰到这种问题时，与其他人不同，她没有抱怨，没有发牢骚，而是迫切希望找到一个解决问题的办法。有一天，她突然想起幼年时在农村山冈上捕捉蜻蜓的情景，并且把它与当前洗衣机需要解决的问题联系起来。她想，小网可以网住蜻蜓，那在洗衣机里放一个小网是不是也可以网住小棉团一类的小杂物呢？许多科技工作者都认为，这样的想法太缺乏科学头脑了。然而这位妇女没有因此放弃自己的想法，她利用空闲时间自己动手做小网，三年时间里，她做了一个又一个小网，反复试验，终于获得了满意的效果。小网挂在洗衣机里，由于洗衣机里的水在转动时从小网里过滤出来，而把小杂物留在了小网里，衣服洗完以后，用手在小网里一捞，就可以把杂物清除干净。这种小网构造简单，使用方便，成本低廉，而且可以反复使用，深受广大消费者欢迎。这位妇女的发明获得的专利费高达1.5亿日元。

创造财富就是要有一种创意，这种创意只有通过思考获得。所以，多思考才能找到成功的途径和方法。

（4）找准路子，机遇改写命运

创业成功需要多方面的因素，但是最主要的是发现自己的长处，找到适合自己的创业道路。

我们经常遇到这样的事，一个人为一个目标苦苦守候了许多年，他后来实在坚持不住，就不再等候，放弃了。结果，他前脚刚走，那个目标就出现了。有很多人努力了半辈子也没有成功，就自动放弃了。其实，这个时候，“柳暗花明”的前景距他只有一步之遥。

在通往失败的路上，处处是错失了的机会。坐待幸运从前门进来的人，往往忽略了其从后窗进入的机会。获取成功，有时候只需要你找出新的改进办法。

在现代社会，一个成功人士，尤其是商界的成功人士，他们的成功，常常就是因为他们抓住了万分之一甚至更小的机会。

美国的迈克尔·戴尔，是一个成功的商人。当戴尔决定进入美国个人电脑市场发展时，著名的苹果公司和IBM公司已经占据了美国个人电脑市场的主要份额。应该说，戴尔进入市场的时机并不好，但是他在销售模式上采用了一个创新，从而使同类电脑以更低的价格进入了美国家庭。

20世纪80年代初期，是美国个人电脑业的起步阶段，著名的苹果公司与IBM公司已是电脑界的巨头了。当时销售电脑的一般做法是，由电脑制造厂商生产出电脑之后，再配售给电脑经销商和零售商，然后再转由他们之手卖给集团用户和个人消费者。这种间接的销售形式在当时是一种理所当然的做法，没有任何人提出异议。但当时仍然在上大学的戴尔却认为，这种通过经销商这个中间环节的销售方式成本太高，为什么不能采取一种直接销售的模式，使个人电脑直接从制造商那里到达消费者手中呢？那么该如何改进购买电脑的过程呢？戴尔的答案是："把电脑直接销售到使用者手上，减除零售商的利润剥削，把这些省下来的钱回馈给消费者。"

1984年1月2日，迈克尔·戴尔开始了创业的准备工作，他以"个人电脑有限公司"的名字，向美国得克萨斯州政府注册了公司登记，并在当地的报纸上刊登了分类广告。后来，随着业务不断扩大，戴尔就将"个人电脑有限公司"更名为"戴尔电脑公司"。到了1999年，戴尔电脑公司已经成为全球最大的个人电脑制造商，而戴尔电脑公司的创业者迈克尔·戴尔也在全美40岁以下富翁排行榜上名列第一位。

戴尔在这一领域有了长足的发展之后，美国《商业周刊》曾经这样评价迈克尔·戴尔这位计算机领域的天才人物："戴尔公司迅速崛起并不是依靠领先的技术，它所依靠的是一种观念、一种商业模式，而且更难能可贵的是，这是一个不被看好的模式……他造的有多快，卖的就有多快。他让戴尔公司的股东们喜出望外，也使康柏公司和IBM公司的决策者们彻夜难眠。"

后来，迈克尔·戴尔在总结自己公司的成长历程时说："戴尔公司能有今天的成就，不只是因为我们有能力；我们愿意从不同的角度看待事物，也是很重要的因素。我相信，机会既来自直觉，也要靠着对某个产业、事物或专业的狂热投入。戴尔公司的经验证明，人可以发觉并掌握大家原本以为不存在的机会优势；想要做到以非传统的方式思考，不必是天才，也不必是先知，甚至不用有大学文凭，所需要的只是一个架构和一个梦想。"

戴尔以及戴尔公司的成功说明了一个道理，只要能够抓住我们面前的发展机遇，找到适合自己的发展道路，即使我们在某个领域是个生手，我们也可以成功。

（5）创业有路，东方不亮西方亮

善于观景的人，不去众人趋之若鹜的名胜；善于赚钱的人，不选众人趋之若骛的行当。

李威·斯达斯是一位移居美国的普鲁士（德国）青年，随着淘金大军来到了旧金山。然而，在淘金工地参加了一段短暂时间的淘金后，李威觉得这不是一条很好的生财之道，要想发财，还得另找出路。

随着川流不息的人群来这里淘金，这里自然形成了一个大市场，很有经营眼光的李威发现了这一点，觉得自己如果为他们提供商品，可能会更实惠，赚钱也会更稳当。于是，他将带去的路费和伙食费作为资本，开设了一家小商店，专卖一些日用品，包括露营用的帐篷和用做马车车篷的帆布，果然生意不错，赚了些钱。

一天，有位淘金者来李威的商店买东西，大发感慨地说："我们整天爬山搬石，这些棉布衣服烂得太快，要是用你的帐篷帆布做衣服，就耐用多了！"

说者无心，听者有意，李威觉得这话很有道理。如果用帆布做成服装，说不定真会受淘金者欢迎。这千千万万的淘金者每人买一套这样的服装，生意就不得了。于是，他将自己的帐篷帆布试制成几套服装，果然有淘金者愿出较高价钱购买，没多久就卖完了。于是，李威向帆布商购入大量帆布，请服装厂按他的设计缝制成服装。这些大批生产的帆布服装还增设了几个口袋，便于淘金者放些锤子、钳子等工具和金矿石。

由于这种帆布服装耐磨耐穿，并有各种便于存放工具和矿石的口袋，比棉布工作服优越得多，大受淘金者欢迎，李威不断扩大生产也满足不了需求，几年时间就发了大财。

李威·斯达斯乘胜前进，他在旧金山开设了专门缝制淘金者穿着的服装厂和零售店，并成立了"李威·斯达斯公司"。服装厂成立后，李威组织专门的技术人员对矿工们的劳动特点进行调查研究，不断改进裤子的样式。例如臀部的裤袋，在原来线缝的基础上，四角各加一颗铜钉，使口袋更牢固，因为矿工经常把样品矿石放进裤袋，用线缝制易裂开；扣子则用铜锌合金，重要的部分还用皮革镶边。后来，又将帆布改用法国尼姆产的哔叽布做原料，使裤子更贴身和柔软。

经过反复的改进和提高，李威的矿工服不仅矿工爱穿，连美国的年轻人也喜欢穿，人们把这种服装称为“牛仔装”。李威的牛仔装生意越做越大，逐渐风行世界，年营业额高达数亿美元，李威及其后代因此成为巨富。

俗话说：“人多没好汤。”肉汤只有那么一碗，如果大家都能喝到的话，恐怕得用水稀释了再稀释，那只能叫肉汤的肉汤的肉汤……能好喝得了吗?

随大流是人的本质特性之一，这是出于安全的需要，因为人多的地方风险较小；也是由不自信造成的，总认为大家认可的肯定是好的，自己不可能翻出什么新花样。有时候，随大流是必需的，这样比较省心省力。但是，如果总是随大流，就很难出人头地。要想赚钱，就得另辟蹊径，不能老是跟在别人屁股后面跑。

第三章

智慧：改变命运的资本

等到你最后登上顶峰时，也许你会羞愧地发现，如果你具有找到正确道路的智慧，本有一条阳关大道可以直达峰巅。

正如著名作家欧·亨利说的那样："一个聪明的脑袋价值连城！"

一、善学敏思，用智慧开拓捷径

1. 激发自己的“新思想”

美国史密森尼安天文物理研究所出版的星象目录中，列出了25万颗还没有正式命名的星星。于是加州出现了一个“星象命名公司”，在全国大登广告：星星出售——你现在可以将一颗星命名为你自己的名字或你爱人的名字！最先登记的25万幸运者将永垂不朽……你的星星和它的新名字，将永远注册于国会图书馆。每颗星25美金。很多人看了这广告，但不想花25美元，就直接打电话给史密森尼安天文物理研究所，询问是否可免费以自己的名字给星星命名。这个研究所和哈佛天文观测所是美国权威的天文研究机构，他们除了把测得的星象编号整理并出版目录，并不为星象命名。他们对这一商业的噱头当然啼笑皆非，不以为然。其实肉眼看得见的星星很早已有了传统名字，卖星星公司专门出售肉眼看不见、只有编号但还没命名的星星。25美元可以买一张星座图，标出所买的那颗星的位置，并且还有一份正式登记证。

他们是怎么扯上国会图书馆的呢？这公司的老板商请约克大学一个教授写一本书，把新命名星星的名字附在其中，那书将会登记版权，于是他们就可以宣称“在国会图书馆永远注册”了。

25美元就能使自己的名字不朽于宇宙间，我们从来还没听过比这更廉价的买卖，难怪人们要趋之若鹜。发财致富其实就这么简单。

有人说：环境太平凡了，不能创造。平凡无过于一张白纸，八大山人挥笔画上几笔，便成为一幅名贵杰作。平凡也无过于一块石头，到了菲迪亚斯、米开朗基罗的手里，可以成为不朽的塑像。

有人说：生活太单调了，不能创造。单调无过于坐监牢，但是就在监牢中产生了易经卜辞，产生了正气歌，产生了前苏联的国歌，产生了尼赫鲁自传。单调又无过于沙漠，而雷赛布竟能在沙漠中造出苏伊士运河，贯通地中海与红海。

可见平凡单调，只是懒惰者之遁词。我们是要在平凡中造出不平凡，在单调上造出不单调。

有人说山穷水尽，走投无路，陷之绝境，等死而已，不能创造。但是遭遇八十一难的玄奘，毕竟取得佛经；粮水断绝，众叛亲离的哥伦布，毕竟发现了美洲大陆；冻饿病三重压迫之下，莫扎特写出了安魂曲。歌德说：没有勇气，一切都完。是的，生路是要勇气探出来、走出来、造出来的，这只是一半真理。当英雄无用武之地，他除了要有大无畏之斧还得有智慧之剑、金刚之信念与意志，才能开出一条生路。古语说：穷则变，变则通。要有智慧才知道怎样变通，要有大无畏之精神及金刚的信念与意志，才变得出来。

所以可以说：处处是创造之地，天天是创造之时，人人是创造之人，让我们至少走两步退一步向着创造之路迈进吧！

那么，怎么才能进行“创造”呢？创造最重要的前提就是“产生新思想”。只要你依循下面的步骤，就一定能产生新思想。

（1）最初的观念。你有一个问题要解决或有一件事要做；你想找一个更好的工作；你的房子需要重新装饰一下；你想把你们公司里的废料做成有用的副产品……这些都属于最初的观念。

（2）准备阶段。现在你要调查一下发展这个处在萌芽状态的观念的所有可能的方法。尽可能多地收集有关方面的资料，阅读有关书籍，记笔记，和别人交谈，提出问题。

（3）酝酿阶段。这一阶段应该让你的潜意识活动起来。散散步，睡个午觉，洗个澡，做做其他的工作或消遣消遣，让身心尽量放松。

（4）开窍阶段。这是创造过程的最高阶段。脑子一下子明亮起来，一切东西都突然变得井井有条。查尔斯·达尔文一直在为进化理论收集材料，有一天，当他坐在马车里旅行时，这些材料突然一下子融为一体了。达尔文写道："当解决问题的思想令人愉快地跳进我脑子里的时候，我的马车驶过的那块地方我还记得清清楚楚。"开窍是创造过程中最令人兴奋和愉快的阶段。

（5）核实阶段。不管你的见识多么高明，但开窍时得到的启示可能是根本靠不住的。这时便要发挥理智和判断的作用。你的预感或灵感都要经过逻辑推理加以肯定或否定。你要回过来尽可能客观地看待你的设想，征求别人的意见，对你的设想加以修正，使之趋于完善。而且经过核实，你往往会得出更新更好的见解。

2. 进行创造性思维：新、奇、妙

创造性思维是一种具有开创意义的思维活动。创造性思维还可以从更广泛的含义上去理解，不仅做出完整的新发现和新发明的思维过程是创造性思维，那些尽管没有取得最后的发现和发明，但在思考的方法和技巧上，在某些局部的结论和见解上具有新奇独到之处的思维活动也是创造性思维。不仅在科学技术领域那些重大发明和发现过程中存在创造性思维，在人们的政治、军事、经济决策和生产教育、艺术活动中，也无不存在创造性思维。创造性思维一旦成为人们最普遍的活动方式和内容，就将标志着人类的文明程度发生了划时代的飞跃。

（1）锻炼与发展思维能力

我们知道，一般人的天资并没有大的差别，如同马克思所说："搬运夫和哲学家之间的原始差别要比家犬和猎犬之间的差别小得多，他们之间的鸿沟是分工掘成的。”人的思维能力主要是在用脑的实践中形成与发展的，像体育锻炼可以增强人的身体素质一样，勤于用脑可以使大脑越来越发达，思维能力越来越强。我国清代的思想家唐甄说得好：“心，灵物也；不用之则长存，小用之则小成，大用之则大成，变用之则至神。”因此，我们要注意养成凡事都要动脑筋想一想、问一个为什么的习惯，不满足于对事物的一知半解，不满足于接受与记诵现成的结论。只有这样，脑子才能越用越灵。

（2）克服从众心理

恐怕对于每个中国人来说，“枪打出头鸟”、“利刀子先钝”这些“名言”都很熟悉。中国人的这种中庸之道自古到今都相当盛行。

社会心理学家所罗门·阿希做过这样一次实验。他找来7名大学生坐在一起，请他们判断两张卡片上的线段长度。第一张卡片上画着一个“标准线段”，其余的每张卡片上画着三个线段，其中只有一个线段与“标准线段”长度相等。阿希要求大学生们找出其余卡片上与“标准线段”长度相等的线段，并且按照座位顺序说出自己的答案。实验的结果是，有33%的受试者由于屈服于群体的压力而说出了错误的答案。

有趣的是，不但人类有“从众”的倾向，其他的群居类动物也有“从众”的习惯。法国的自然科学家法伯曾经做过一个有趣的实验：把一群毛毛虫放在一个盘子的边缘，让它们一个紧跟着一个，头尾相连，沿着盘子排成一圈。于是，毛毛虫们开始沿着盘子爬行，一只紧跟着一只，既害怕掉队，也不敢独自走新路。它们连续爬了七天七夜，终于因饥饿而死去。而在那个盘子的中央，就摆着毛毛虫们喜欢的食物。

思维上的“从众定势”，使得个人有一种归宿感和安全感，能够消除孤单和恐惧等有害心理。另外，随大流也是一种比较保险的处世态度，你想，自己跟随着众人，如果说的对、做得好，那自然会分得一杯羹；即使说错了、做得不好也不要紧，无须自己一人承担责任，况且还有“法不责众”的说法。

当我们面对一些实际问题时，如果一味地从众，自己不动脑筋，就很难获得成功。

（3）大胆胡思乱想

想象力能使常规被认为不可能的东西变为现实。拿破仑说过：“想象支配人类。”拥有想象力，这是人类的伟大之处。

人的创造范围完全是由人对自己的想象和认识所决定的。创造力是让人去“胡思乱想”，想那些常人不敢想的，做常人认为怪异而不敢做的事情。开始时也许是空想，但如果你能全力以赴、持之以恒地为之奋斗，也许理想会变成现实，这对个人的发展、事业的进步将产生很大的影响。美国著名心理学专家丹尼尔·高曼说：“要想在事业上有所成就，将以有无创造性思维的力量来论成败。”而作为决定创造范围的想象力当然就也显得尤为重要了。

看过《福尔摩斯探案集》的读者应该记得福尔摩斯是如何在面对他所遇到的一件件稀奇古怪的案件时施展他的想象力的。他往往是根据他经过仔细观察后得到的线索，突破常规，大胆进行想象，最后根据想象进行追查，出人意料地破了案。福尔摩斯在总结他的破案经验时曾对华生说过苏格兰场的警察们有时老破不了案，其中很重要的就是因为他们缺少想象力。福尔摩斯的许多破案方法至今仍然是许多警察学校的必修内容。

譬如，如果我们看到七条菜青虫卷曲身子从斜面滚下去，普通的联想顶多认为菜青虫找到了一个很好的逃避的方式，但放开一步联想，我们很快就能想到轮子，再放开一步，也许我们会联想到人类可以利用一个球形的充气囊从悬崖上往下跳，如果做无限制的联想，我们甚至可以去想菜青虫滚动的轨迹可能与某一个行星的公转轨迹相似，或者气候的变迁使得菜青虫采取了这种姿势的卷曲与滚动。当然，想象力可以无边无垠，但最终都要回复到正在学习的内容或正待解决的问题上来。你需要记住的是，无论你的想象多么荒诞或不可理喻，如果有助于解决问题或者使你产生绝妙的创意，那么就说明你采取了正确的做法。当爱因斯坦思考相对论时，他正在做着白日梦，幻想着自己正骑在一束光上，做着太空旅行，然后思考——如果这时在出发地有一座钟，从我坐的位置看，它的时间会怎样流逝呢？这样做并不复杂。我们何不也尝试着做一做呢？

（4）善于提出建设性的问题

世界著名的日本丰田汽车公司，曾经使用过提问创造性思维法来找出产生问题的最终原因，从而使问题得到根本的解决。

有一天，丰田汽车公司的一台生产配件的机器在生产期间突然停止运转了。管理者立即把大家召集起来，进行一系列的提问来解决这个问题。

问：机器为什么不转动了？

答：因为保险丝断了。

问：保险丝为什么会断？

答：因为超负荷而造成电流太大。

问：为什么会超负荷？

答：因为轴承不够润滑。

问：为什么轴承不够润滑？

答：因为油泵吸不上来润滑油。

问：为什么油泵吸不上来油？

答：因为油泵产生了严重的磨损。

问：为什么油泵会产生严重的磨损？

答：因为油泵未装过滤器而使铁屑混入。

在上面的提问中，连续用了6个“为什么”使问题得到根本解决。当然，实际问题的解决过程并不会那么简单，但主要的思路是这样的。

在这些提问中，若当第一个“为什么”解决后就停止追问，于是换上保险丝，可不久保险丝还是会断，因为问题没有得到根本解决。所以在使用提问法来解决问题时要做到“追根究底”，才能使问题得到根本的解决。

（5）列举缺点创造性思维法

"列举缺点创造性思维法"，从这个名称中我们就很容易知道这种方法的关键在于找出对应事物或问题的针对对象的缺点，从缺点入手，寻求创造性的方法来解决问题。

列举缺点，实际上就是指我们在工作、生活、学习中不断地主动去发现问题，发现缺点，改良周围的事物或环境。这就要求我们在工作、生活、学习中做"有心人"，多追求完美，而不能用"将就将就"、"凑合凑合"来对待事物，否则就会失去创造新的事物的动机而失去创造的机会。

走进商店，我们就能发现货架上的商品似乎在不停地更新换代。电视、自行车、保温杯、衣服等日常用品在使用中会不断地被发现缺点，明智的厂家会根据这些缺陷对产品不停地进行改进。比如，如果下倾盆大雨，鞋子总是被淋湿，普通的雨伞帮不了忙。假如高档的皮鞋被淋湿，鞋主会很心痛。为此，日本人新发明了小型鞋伞以弥补这个不足。只要把固定在鞋尖上的鞋伞撑开，就能使鞋和脚保持不被淋湿。

3. 做一个成熟而又充满活力的思考者

拉开历史的帷幕就会发现，古今中外凡是有重大成就的人，在其攀登科学高峰的征途中，总要给思考留有一定的时间。

最早完成原子核裂变实验的英国著名物理学家卢瑟福有一天晚上走进实验室，见他的一个学生仍俯在工作台上，便问道："这么晚了，你还在干什么呢？"

学生回答说："我在工作。"

"那你白天干什么呢？"

"我也工作。"

"那么你早上也在工作吗？"

“是的，教授，早上我也在工作。”

于是，卢瑟福提出了一个问题：“那么这样一来，你用什么时间思考呢？”

这个问题提得真好！

据说爱因斯坦狭义相对论的建立，经过了“十年的沉思”。他说：“学习知识要善于思考、思考、再思考，我就是靠这个学习方法成为科学家的。”伟大的思想家黑格尔在著书立说之前，曾缄默六年，不露锋芒。在这六年中，他是以思为主，钻研哲学。而这平静的六年，其实是黑格尔一生中最重要的时刻。牛顿从苹果落地导出了万有引力定律，有人问他这有什么“诀窍”时，牛顿说：“我并没有什么方法，只是对于一件事情做长时间热情的思索罢了。”由于德国数学家高斯在许多方面都有杰出的贡献，有人称他为“数学王子”，而他则谦虚地说：“假如别人和我一样深刻和持续地思考数学真理，他们会做出同样的发现。”

正确思考的人，是一个更容易成功的人。

希腊哲学家苏格拉底是人类有史以来最早的思考者，在柏拉图记录的《对话》中，苏格拉底深邃而明晰的思想永垂青史。在苏格拉底的出生地雅典，作为一位著名的老师，苏格拉底创建了自己的学院，并在数十年的时间里，教授年轻人如何通过辩证的提问方式分析重要的问题，这就是名扬后世的“苏格拉底方法”。在70岁高龄时，苏格拉底被当政者认为是一位制造麻烦的危险分子。因为根据苏格拉底的教诲，学生们对统治者的权威产生了疑问，提出了很多令当政者难堪的问题，对他们的统治造成了极大的威胁。于是，统治者给苏格拉底发出了最后的通牒：或者离开他生活的城市，永不回来；或者被处以极刑。苏格拉底没有选择离开自己热爱的雅典以及所创造的生活，而是选择了死亡——当着亲人和朋友的面，苏格拉底平静地喝了一杯毒茶。苏格拉底坚信离开雅典就会违背理性的道德，而他正是以此为基础建立生活和教授学生的。苏格拉底宁愿结束生命，也不愿意牺牲他的信仰。临刑前，苏格拉底说了这样一句话："现在是我们分别的时候，我将死去，你们还活着，只有上帝知道哪一个更好。"

特别是在今天，我们都需要学会思考，像哲学家那样从现代的意义上建立分析问题的哲学框架。你认为何为成熟的批判的思考者？作为成熟的思考者，应该具有活跃的、充满活力的思想。一般说来，应具备以下的特性：

（1）宽容：在讨论中，他们认真听取每一种观点，对每一种观点都给予认真和公正的评价。

（2）有学识：当他们谈论自己的看法时，总是以事实为基础。另一方面，如果他们对某件事还不太了解，他们会承认这一点。

（3）思维活跃：他们积极主动地运用他们的智力来面对问题、迎接挑战，而不是简单被动地应付局面。

（4）好奇：他们对问题喜欢刨根问底，深钻细研，而不是满足于蜻蜓点水。

（5）独立思考：他们不怕与他人的观点不一致，他们的信仰都经过认真的分析，而不是不加批判地借鉴他人的信仰，或简单地从众。

（6）善于讨论：他们能以一种有条理和理智的方式对他人和自己的看法开展讨论，即使大家对某些问题的看法有分歧，他们也能认真地听取与自己相反的意见，并在深思熟虑的基础上谈自己的看法。

（7）有见识：他们对问题的看法能一语中的，当别人在细节上纠缠时，他们能抓住问题的实质，既见树木，又见森林。

（8）自我意识：他们能意识到自己的偏见，并能在分析问题时，很快自我反省纠正。

（9）有创造性：他们能打破思考的常规，以创新的方式解决问题。

（10）热情：他们最强烈地渴望了解和认识新事物，总是努力把问题搞深搞透。

4. 把你的思考转化成创造性的事实

从根本上说，思维就是为了创造。在人类数千年的文明发展史中，积累了大量把思维能力转化为创造性的方法，其中简便易行的几种方法如下：

（1）仿生创造法

生物在亿万年的漫长进化中，形成许许多多奇妙的功能。例如，蝙蝠可以感觉到超声波，在布满密网的黑屋里，几十只蝙蝠自由穿梭飞行，而不会撞到网上。人类从对于蝙蝠的研究中发现，蝙蝠是靠超声波来定位和检测物体的。蝙蝠的喉内发射出去的超声波信号与物体相遇后被反射回来，再由蝙蝠的耳朵接收，据此判定物体的距离、方位。人们正是根据这种“回声定位”原理发明了雷达。随着现代生物学的发展，生物的许多鲜为人知的奇特功能被揭示出来，令人惊叹。人类在惊叹之余，希望从生物的功能机理中受到启发，创造出更先进的技术。这种模拟生物的机能和结构创造出新的技术原理的构思方法，叫做仿生法。

仿生学的发展，给人类的发明创造开辟了更广阔的前途。利用仿生学的发明，人类打破了人的生命能力的局限。

在遇到一个问题，或者萌发了一个创造性设想以后，怎样才能想得巧妙？怎样才能使一个设想变为成熟的方案？自然界、生物界是一个发明设想和技术蓝图的重要源泉，巧妙地运用仿生法，是得到详细构思的重要途径。

（2）直接模仿法

日本创造学者丰泽丰雄曾说过：仿照、模仿同类性质的事物是对发明非常有益的行为，但不会利用这一诀窍的人却很多。立志发明的人往往是想创造新事物，他们却忘记了新旧事物是有联系的。技术的革新、发明在绝大多数时间内都表现出有连续性和渐进性。新事物不能完全抛弃旧事物的所有特点，而只能是抛弃部分缺点和弱点。在日本有很多人找到丰泽丰雄，请教他如何构思一个新设想，他总是告诉人们，先模仿一个发明家，看他怎样想。

模仿和独创是两个对立的方面，但往往成功的独创却是从模仿开始的。有人说："你想成为世界第一吗？那么模仿世界第一就行。"如果你追求高水准，那么尽快达到高水准的途径就是模仿高水准。

美国的博维想透了这个最简单的道理。他在1964年创办了一家跟美国最畅销的杂志《花花公子》完全同样风格的《阁楼》杂志，并开了一间跟花花公子俱乐部一模一样的阁楼俱乐部。没几年，《阁楼》杂志的名气越来越大，销售量也逐年增多。

世界玩具大王路易·马克斯是一个营销的能手。马克斯发现要发明一种畅销的新玩具很困难，但要推广一种已有游戏却能够做到。马克斯每年到世界各地考察，了解各民族、各地区的玩具和游戏。回国后马上仿制，并在市场上大量出售，结果赚了大钱。

当你进行发明创造遇到难点时，你要研究古今中外的与之相类似的事物，灵活地运用模仿，从而达到创新的目的。

（3）灵活移植法

在野生的酸枣根上嫁接甜枣的枝芽，就会长出又多又甜的大枣。同样把一个技术领域的某种原理、方法和功能运用到另一个领域，就能导致新的原理、方法和功能产生。这种方法叫做移植法。移植法的根本作用是取长补短，"他山之石，可以攻玉"，灵活地运用移植法，可以得到独创性的想法和方法。

运用移植法可以首先考虑从原理上移植的可能性，就是说找出原有技术原理的适用范围，再来考虑使用这个原理做出发明和创造。例如，巴斯德发表了关于有机物腐败和发酵的研究成果后，一位英国医生恍然大悟：有机物的腐败和发酵是由于外来细菌的感染，而外科手术后病人伤口的化脓和溃烂也是外来细菌感染的结果，于是他终于在1865年发明了无菌手术法。这个办法使得外科手术后病人由于感染而导致的死亡率从80%以上降低到15%。

要灵活地运用移植法，需要提高自己思维的发散能力，要善于从“不相关”的事物中寻找启示和线索。

一项被灵活运用的技术是发泡技术。最早的发泡技术是从做面包或蒸馒头开始的。由于面包和馒头在做熟的过程中，内部产生大量气体而使其体积膨胀，变得松软可口。美国一位企业家看到发面的技术能使面包这样好吃，心想别的东西发泡行不行？他想到了橡胶，于是把发泡剂掺入生橡胶，在熟化时，橡胶就蓬松得像面包一样。他发明了橡胶海绵。

一个技术产品在人们的观念中往往有某种固定的用途。实际上，尽管每一个技术产品都有一定的功能，但这种功能用在哪里是不应受到限制的，哪里需要哪里就可以用。比如，一位日本妇女提出吹头发的热风机可以用于烘干被褥，结果厂家采纳了她的建议，真的制造出了畅销的被褥烘干风机。这位妇女也得到了专利费。

（4）广泛类比法

类比法是根据两个对象某些属性相同或相似，而且已知其中一个对象还具有其他属性，从而推出另一个对象也同样具有其他属性的思维方法。

人类从远古起就有意无意地运用这种方法完成了许多发明创造。类比法在人们认识客观世界和改造客观世界的活动中，具有非常重大的意义。科学上的许多重大理论，最初都是通过类比提出来的。科学史上还有许多重大发明和发现，也是应用类比法取得的成果。例如，英国医生詹纳发现种“牛痘”可以预防天花，就是受到挤牛奶女工感染牛痘而不患天花的启示。

二、打开智慧之门，思考是金钥匙

1. 智慧需要思想

要想成功，必须走出自己的路来，老跟在别人屁股后边学，永远无法超越。

清代乾隆年间，有两个书法家，一个极认真地模仿古人，讲究每一笔每一画都要酷似某某，如某一横要像苏东坡的，某一捺要像李太白的。自然，一旦练到了这一步，他便颇为得意。另一个则正好相反，不仅苦苦地练，还要求每一笔每一画都不同于古人，讲究自然，直至练到了这一步，才觉得心里头踏实。

那么，究竟谁更高明呢？那个故事没说，只是交代了一个情节——有一天，第一个书法家嘲讽第二个书法家，说："请问仁兄，您的字有哪一笔是古人的？"后一个并不生气，而是笑眯眯地反问了一句："也请问仁兄一句，您的字，究竟哪一笔是您自己的？"第一个人听了，顿时张口结舌。

从创造学的观点看，第一个书法家毫无出息，除了没完没了地重复别人，实在是一无所有，可怜之极；第二个书法家则孜孜不倦地钻研，造就自己独特的个性，做到了"我就是我"！

齐白石先生有一句名言："学我者生，似我者死"。个性是区别于大众的不同之处。正因为个性的差异，才构成人生万象的异彩纷呈，才谈得上相互学习、相互促进、相互吸引，才能领悟到幸福的真谛。

其实，没有个性的成功者几乎是没有的。跟着别人跑，跟着别人学，可能获得暂时的成功，但不能获得最终的成功。因此，要根据自己的个性，去思考自己的未来，去设计一条成功的路线和方法，这才是高人。

2. 有观察才有思考

清白总会被澄清，不仅不要闭上自己的眼睛，还要善于思考，分清黑白。

一天，有两个妇女为争夺一个婴儿投诉到国王那里。在国王面前，两个女人陈述了各自的理由，看起来，似乎双方的理由都很充足，很难断定婴儿是谁的。

国王沉思了片刻，摇了摇头，对两位妇女说道："你们二人争论起来相持不下，本王也被你们弄糊涂了，我不能断定这婴儿是谁的。这样吧，既然你们已告到我这里了，我就允许你们抢这婴儿，谁抢到就是谁的。"说完，便命大臣将婴儿放在一张桌子上，两个女人分站两侧，各抓住婴儿的一只手。随着国王一声令下，一个妇女赶紧抓着小孩的手，把婴儿拉向自己一边，另一个妇女却松开手，放婴儿过去了。

国王见状，立即对那夺走孩子的女人呵斥道："你想夺走人家的骨肉，还不从实招来？"果然，那女人服罪了。

原来国王深知孩子的母亲对孩子的关切之心，就安排了上述"表演"，让那冒充的女人自露马脚。

一只狐狸不小心掉进一只非常深的井里，无法脱身。这时一只口渴的山羊来井边饮水，它看见狐狸在下面，就问井水味道如何。狐狸尽力掩饰自己的狼狈相，不断地称赞井水味道好得不能再好了。山羊一心想着喝水，听完马上跳了下去，等它喝完了水，不再口渴时，才发现自己和狐狸的困境。

这时狐狸想出一个所谓共同出井的办法，它说："你把前脚抵在井壁上，低下头，我先踩着你的后背上去，然后想办法拉你上来。”山羊就照它吩咐的做了。于是狐狸跳上山羊背，蹬着羊角，飞身跳出了井口，然后就要溜走。山羊气得大骂狐狸不守信用，狐狸转头回敬道：“你这头笨羊！如果你头脑灵活，就应该在看清出路之后，再决定跳不跳，那样就不会有这样的危险了，真是白长了一把胡子！”

行动之前，先想好退路，这样才能立于不败之地，切不可草率行事，否则就会犯丢了西瓜捡芝麻的大错，那就得不偿失了。

三思而后行，才是上策。看到利益就上，是讨不到便宜的。

3. 善于发现别人的智慧

金无足赤，人无完人。领导的聪明过人之处应该体现在用一双明亮的眼睛去看清楚一切……

唐纳·卢斯说：“我把找出部属的积极行为和赞美他们当做首要任务，并借由热切注意部属做对的事而激励人心。”

北魏时太武帝拓跋焘很赏识汉人崔浩。并委以重任，鼓励他集思广益，敢于进谏。在一次数百人参加的酒宴上，太武帝让崔浩坐到自己近旁，发自内心地褒扬他道：“你们看这个纤瘦懦弱，腿不能驭马驰骋、手不能弯弓持矛的人，他胸中所怀却远远超过百万之勇。朕开始之时有征讨之意，但犹豫不能决断，后连年克敌获胜，都是这个人在左右引导我的缘故。”太武帝全面地了解了崔浩，巧妙地用他的身材弱纤与他胸藏百万雄师之才相比较，这样既没有给人不真实的感觉，又能扬长避短，使崔浩的生理缺陷在他的雄才大略面前显得微不足道，同时对当时朝中大臣对汉臣得势的不满现象也巧妙地避过。如果太武帝一味地夸崔浩的优点，那么胡人也许就会端出骑射之术来贬低崔浩，从而使太武帝难堪。

所以，赞美一个人必须达到“一言两称心”。这需要注意不同环境下主客观因素的变化，从全局的眼光看待各个环节，不能有疏漏之处。

汤姆是一家公司的业务员，他对公司新的系列产品感到非常兴奋；但不幸的是，一家大市场取消了陈列他的新产品的机会。这令汤姆很不高兴。他对这件事想了一整夜，决定第二天再去试试。

他对大市场的负责人说："杰克，我昨天走时，还没能让你真正了解我们的最新系列产品，假如你能给我一些时间，我很乐意为你介绍我疏漏了的几点。我非常敬重你听人谈话的雅量，而且非常宽宏大度，当事实需要你改变时你会改变你已做出的决定。"

杰克能拒绝再听他的谈话吗？在这个必须维持的美誉下，他是无法那样做的，结果汤姆推销的产品不到几个月就在全州名声大振。

现在我们应该明明白白地去开始赞美了，只要我们平时注意观察周围人的言行，对他们的特点略知一二，当然了如指掌最好，那么接下来就是在必要的时候，通过你的赞美之词，用最好的方式表达出来，让他们听后心悦诚服，对于自己的缺点"无则自我加勉，有则暗自改之"，这样若干次以后，你就会成为一个会用赞美与周围人和谐、默契地相处的人了。

大多数人不愿从小事上去赞美别人，这是因为现实生活中的重重障碍，遮住了他们的视线。

其一，分工不同，责任不同，使人们认为别人做事是分内之事，是"应该"的，无需大惊小怪，做不好就要批评，做好了是责任，在这种心理的驱动下，很多人不能正视别人的小成绩。

其二，有人胸怀治国济世的大志，但眼高手低。对于"小打小闹"不以为然，认为那些事普普通通，没什么了不起，小菜一碟，形同虚无。

其三，"熟人效应"。周围的人对大家来说，太熟悉了。要么，就是区区小事，不足挂齿，不用说什么；要么，就是熟视无睹。每天我们走在干干净净的马路上去上班，都觉得无所谓，脏了就责怪清洁工。父母为你呕心沥血，碾平了生活道路上的坎坷，我们却只知衣来伸手饭来张口，他们在你眼里是"隐形人"。同事、亲戚、朋友时时都在关照你，而你却受之坦然。

以上这些态度都是应当克服的。

就小事而论，它的确没有非常重要的意义，但用辩证法的观点去考察，却会发现一件小事也会引发大事，几件小事加在一起就有可能产生意料之外的大事。

一位巡警巡逻时发现仓库门口的灭火器坏了，及时报告给总经理。总经理安排相关负责人买了新的重新布置好。一晃半年过去了，谁也没有把这件事放在心上。有一天库房因电线短路突然起火，被及时扑灭。过后，总经理首先想到的是那位细心的巡警。如果不是他发现灭火器坏了，及时更换，那么库房恐怕完了，公司也保不住了。于是，总经理及时表扬了这位巡警，并代表公司向他致谢，号召全体员工向他学习。千里之堤，溃于蚁穴。小事的确不可小视。要从小事赞美别人自己首先得做一个有心之人，善于发掘赞美的材料，看到小事身后的重大意义，这就要留心观察，细心思考。

小事犹如一块未经雕琢的璞玉，如果你没有一双识别它们的慧眼，细心鉴别，它就永远埋在山野石林之中，人们很难发现其价值所在。

你了解你周围每一个人的长短处吗？你每天有没有看到周围细微的变化？

无数的小事和有数的大事组成了我们繁杂的生活。如果我们只是睁大眼睛注视后者的“重大意义”、“历史性的价值”……那么你会发觉生活很大程度上是虚空的，是乌托邦，我们的社会就像艾略特笔下的荒原。

无论你是何许人，你的那些闪光之处（哪怕微乎其微）就会在明察秋毫的赞美滋润下，发扬光大。

4. 思考需要张开想象的翅膀

想象，是人脑在改造记忆表象的基础上创建新形象的心理过程，也是和以往经验中已经形成的暂时的联系重新结合的过程。心理学家依据想象内容的新颖性、独创性的不同，把想象分为再造想象和创造想象。所谓再造想象，就是一个人依据一定的描写、说明、图案等在头脑中形成有关事物的形象的过程。创造想象则是一个人按照自己的创见形成某种独创性的想象的过程。二者都是人才创造活动的极可宝贵的心理品质。想象是创造活动的基础和先导，是激励创造活动、产生科学假说的源泉。正如爱因斯坦所说的："想象力比知识更重要，因为知识是有限的，而想象力包括世界上的一切，推动着进步，并且是知识进化的源泉。"黑格尔也断言道："如果谈到本领，最杰出的艺术本领就是想象。"

创造性思维的核心是什么呢？是丰富的想象力。如何张开你想象的翅膀呢？

（1）扩大知识面，丰富信息储备

丰富的想象力是以丰富的知识和经验为基础的，也是以记忆为基础的。而一切科学的创造、技术上的革新和艺术上的创作，都是在丰富的知识经验的基础上，通过创造性想象而取得成功的。一个人知识和经验的多少，信息储备的多少，对于想象的广度和深度有着重要的影响。

（2）保持好奇心，丰富情感

好奇心是发挥想象力的起点，因此要提倡科学的怀疑精神，遇事多问几个为什么，使自己大脑的想象力在思考中升腾。而要使大脑的想象力奔驰起来，还要保持丰富的情感。情感可以刺激想象力。而悲观失望的情绪不能使大脑高度兴奋和活跃起来，想象力自然也不会高度发挥出来。

（3）扩张联想、富于幻想

从广义上讲，想象是联想和幻想。所谓联想，绝不是简单的思考，而是许多思考的联结和扩张。常常表现为由表及里、由此及彼的顿悟。一个人如果不善于联想，那么他就不会举一反三、触类旁通，就不可能产生认识上的飞跃。无数人才成功的事实表明，他们往往能抓住生活中的偶发事件，产生丰富的联想，构筑鸿篇巨制和提出科学假说、技术发明等。托尔斯泰的《安娜·卡列尼娜》起于一件女子卧轨的新闻事件；笛福的《鲁滨逊漂流记》源于被船长遗弃到荒岛上四年的落难海员的故事；魏格纳由观察世界挂图到创造大陆漂移说……这些联想的力量，是何等的惊人。所谓幻想，是由个人愿望或社会的需要引起的指向未来的特殊想象。幻想比联想距现实客体虽然远一步，但它是更高一级的思考。没有幻想，就没有科学的假说，没有科学的假说，也就没有科学的发现和发展。比如，原子结构的模型，试管婴儿的诞生等，又何尝不是在幻想功能的作用下所产生的呢！

客观实际是科学创造的空气，想象力则是科学创造的翅膀。要想扩展自己的思维，在事业上有所建树，必须张开想象的翅膀。

5. 心宁智生，智生事成

智慧不会随意诞生，事情不会随便成功，在它们的实践者身上你可以找到答案——心宁智生，智生事成。

某日，一家企业的管理者坐在某餐厅的角落里独自喝闷酒。一位热心人走上前去，问道："您一定有什么难解的问题，不妨说出来，让我给您帮帮忙吧！"

企业家看了他一眼，冷冷地说："我的问题太多了，没有人能帮我的忙。"

这位热心人立刻掏出名片，要企业家明天到他的办公室去一趟。

第二天，企业家依约前往，这位热心人说："走，我带你去一个地方。"企业家不知道他葫芦里卖的是什么药。热心人用车子把企业家带到荒郊野地，二人下了车，热心人指着前面的坟场对企业家说："你看看吧，只有躺在这里的人才统统是没有问题的。"

企业家恍然大悟。记住了这样一句话：只要有问题，就有存活的希望。只要敢于正视问题、解决问题，就可以前进。

建议被成堆问题困扰的企业管理人，不要将种种苦恼压在心里。走出去找个好友，去向他倾诉，或在父母家人面前求得开导或指引，有时某些问题可以随着时间的过去而自动消失，有时可以靠个人的智慧和定力去把它化解。当长期的苦闷困惑无法化解时，找个清静之地静思几天，以求得心的平静，一切问题也许就有办法解决了。

土豆是德国人喜爱的食品。在德国农村，土豆是最主要的农作物，一到收获的季节，农民就进入最繁忙的状态，他们不仅要把土豆从地里收回来，而且还要把它运送到附近的城里去卖。农民通常都有一个习惯，就是把收获的土豆，按个头分为大、中、小三类，这样再到城里去卖就能卖个好价钱，比混在一起卖能多赚很多钱。但是要把堆成小山一样的土豆分拣开来却不是一件容易的事，要花费大量劳力，也影响土豆及时上市。

后来人们发现了一件奇怪的事：汉斯一家从来没有人分拣土豆，他们总是把土豆直接装进麻袋，运到城里去卖，而且价钱卖得也不错。这是怎么回事呢？

原来汉斯在向城里送土豆时，没让汽车走平坦的公路，而是选择了一条颠簸不平的山路。这样经过10英里的颠簸，小的土豆就自然落到麻袋的最底部，大的留在了上面。卖时仍然大小分开，一样卖得上好价钱。聪明的汉斯不仅节省了劳力，还赢得了宝贵的时间，他的土豆总能比别人早一些上市，他的钱自然会越赚越多了。当然，这是汉斯冷静分析并付诸实践的结果。

大自然中有许多类似的现象。平时不留意根本意识不到，但如果注意观察，用心分析，巧加利用，就能给生活带来许多便利。

宁静的心能让人更加聪慧和敏锐，而冷静之中的决定往往是最佳的方案。

6. 走出思维误区

思维误区最常见、最普遍的就是惯性思维。

在日常生活中有很多值得思考的问题，但人们天长日久形成一种惯性思维，由此又发展成惰性思维。

惰性思维就是不思考，也不愿思考，或者简单地想一下也就算了，久而久之大脑处于半停滞状态，大脑皮层的亿万个细胞，终生却没有使用几个，这样的人生当然是碌碌无为而后悔的人生。

就像某工厂车间的流水线一样，从一个人的手里接过一个部件，又传到另一个人的手上，接着又去接另一个部件，就这样接来传去，日复一日，年复一年，久而久之，就形成了一种“无意识惰性思维”。现在很多人都是在无意识惰性思维状态中生活，而没有自我察觉。说严重些，就是人已经被异化成生活这部大机器的一个机械零件，泯灭了个性，没有了生命的灵感和激情。

我们生命的价值不是取决于在我们身边发生了什么事，关键取决于我们对这些事物的反应。是立体思维的反应，还是平面思维的反应，抑或是惰性和惯性思维的反应，不同的思维反应，会产生不同的结果。

同样，一个问题的出现，智者与愚者的处理方法是不一样的。

这就是不同的反应，产生了不同的结果。

有人卖自己种的600公斤大葱，可由于大葱大丰收滞销，卖了一天了也没卖出去。这时走来一个买葱人说我就喜欢吃大葱的叶子，不想买葱白（葱茎），你要是能卖，这些葱叶我全包下了。

卖葱人犹豫了。他想，把葱叶子用刀切下，葱白卖给谁呢？

正巧，这时又走来一个人，说：“我这个人就爱吃葱白，不愿吃葱叶子，只买葱白你卖吗？”

卖葱人大喜说：“可以可以。我这大葱6角钱一公斤，你二位全包下吧！”

第一个买葱人说：“我买大葱叶子3角钱一公斤，他买大葱白也3角钱一公斤，我俩各花3角钱，给你6角钱一公斤。”卖葱人心想，两个人各给3角钱，还是合我那6角钱一公斤，而且他们又将600公斤大葱全部买下了，也是不错，于是用刀将葱从中间切成两段，将葱叶和葱白分开卖掉了。

三个人成交后，卖葱人高高兴兴地回家了，可仔细一算，600公斤的大葱只收了300公斤的价钱，怎么想怎么不对劲，可又说不出这葱怎么只卖了一半的价钱。

从上面这个故事中，我们可以看出采用惰性思维所产生的糊涂结果。卖葱人不知道自己吃了大亏，而买葱人也不知道自己占了大便宜，这就是糊涂买糊涂卖。如此糊涂，不后悔才怪呢?

卖葱人只想两个人各付3角钱还是合成那6角钱一公斤，用刀将葱分成两段从分量上是有些损失，可怎么也损失不了一半呀，600公斤怎么只卖了300公斤的价钱呢?

如果卖葱人能从惰性思维中醒悟过来，多想一想，不被两个人各付3角钱等于6角钱的假象所蒙蔽，就会发现，大葱用刀切开后变成了3角一公斤，而没用刀断开之前，大葱的叶子和葱白都是6角一公斤，那么就会恍然大悟了。

某村有位漂亮的姑娘，求亲的人很多，可都没有求成。一天，有一位小伙子的父亲来求亲，姑娘的母亲说："我姑娘的彩礼很简单，就是要求你家第一天送一分钱，第二天送二分钱，第三天送四分钱……以此类推送满一个月，就完婚。"

小伙子的父亲欣然同意，这彩礼太简单了，于是就每天送钱，可送了半个月就发觉再也送不下去了，后来仔细一算，一个月要送10万多元钱。

这就是平面思维让他只想到一分钱，惰性思维让他觉得一分钱别说送一个月，就是一年也没多少钱呀，结果却不是那么简单。

可见，不愿思考或只作短暂思考，就自然地形成一种无意识的惰性思维是不行的。

敏锐的思维、长远的思维、立体的思维在生活中是非常重要的，因此我们必须了解思维，认识思维的重要性。

人因为具有思维能力，因而可以认识客观事物的规律，从而能改造世界；人因为具有思维能力，因而可以认识“我”与“非我”，认识人我关系和物我关系，从而能在社会生活中正确定向。

人们都重视思维能力的培养。希腊的苏格拉底用辩证法（主要是启发问答法）来教育学生。中国的孔子认为，学习知识和发展思维能力是同等重要的，他说：“学而不思则罔，思而不学则殆”。现代科学知识浩如烟海，出现所谓“知识爆炸”的情况，单靠“死记硬背”已不能满足学习的要求，而更重要的是要善于学习，善于开动脑筋有目的、有选择地学习；善于分析问题、解决问题，举一反三；善于创造性地学习，才能更好地提高学习质量，才能更好地开发人的聪明才智，才能做到无怨无悔。

三、智慧人生的四个特质

1. 以心换心

一个能够尊敬别人的人，即使他生理不健全，但他的精神是完美的，同样会赢得别人真诚的尊敬。

一个小女孩因为长得又矮又瘦被老师排除在合唱团外，而且，她永远穿着一件又灰又旧又不合身的衣服。

小女孩躲在公园里伤心地流泪。她想：我为而什么不能去唱歌呢？难道我真的唱得很难听？

想着想着，小女孩就低声地唱了起来，她唱了一支又一支，直到唱累了为止。

“唱得真好！”这时，一个声音响起来，“谢谢你，小姑娘，你让我度过了一个愉快的下午。”

小女孩惊呆了！

说话的是个满头白发的老人，他说完后就走了。

小女孩第二天再去时，那老人还坐在原来的位置上，满脸慈祥地看着她微笑。

于是小女孩唱起来，老人聚精会神地听着，一副陶醉其中的样子。最后他大声喝彩，说：“谢谢你，小姑娘，你唱得太棒了！”说完，他仍独自走了。

这样过去了几个月，小女孩家搬离了那个街区，远离了公园，她也没再去过公园。

许多年后，小女孩成了大姑娘，长得美丽窈窕，是本城有名的歌手。但她忘不了公园靠椅上那个慈祥的老人。于是她特意回公园找老人，但那儿只有一张小小的孤独的靠椅。后来有人告诉她，老人早就死了。

“他是个聋子，都聋了20年了。”一个知情人告诉她。

乐于助人之所以被称为美德，就在于其行为毫无不良动机，不求回报。

哲学大师第欧根尼为了充实自己的学习，四处云游。

一天第欧根尼来到了河边，由于水深流急，他不敢蹚水过河去。恰好有个好心人见他为难，就把他背到了对岸。哲学家大为感动，不断夸奖好心人，并歉意地说自己身无分文，没法报答他。这时好心人又看见有人在对岸不敢过河，于是又帮那人过了河。第欧根尼这时候明白了，他说：“看来我不用愧疚，因为你根本就不在乎我的名望，帮我只是你的本性驱使罢了。”

所以不妨以此自勉，在别人有困难时，多替对方想想，不要过于在意自己。这样一来，帮助别人也等于帮助了自己，也能陶冶一个人的情操。

每一次鼓励都是给别人多创造一次机遇。人需要鼓励，就如植物需要水一样，离开鼓励，我们就不能快速地进步。

善于鼓励别人，既帮助了别人，也美化了自己，是一种智慧之举。拥有智慧的人从不把对手当做敌人，而是把对手当做自己的伙伴，可以帮助自己在竞争中提高智慧和能力。

福克斯博士讲了个故事：

有个名叫西拉斯的人，在一个小镇上开着杂货铺。这铺子是他爸爸传下的，他爸爸又是从他爷爷手里接过的。他爷爷开这铺子的时候，南北两边正在打仗。

西拉斯买卖公道，信誉很好。他的铺子对镇上的人来说就像手足，不可缺少。西拉斯的儿子在长大，小铺子就要有新接班人了。

可是有一天，一个外乡人笑嘻嘻地来拜访西拉斯，情况便变得严重了！

此人说，他想买下这铺子，请西拉斯自己作价。

西拉斯怎舍得？哪怕出双倍价他也不能卖！这铺子不光是铺子呀，这是事业，是遗产，是信誉！

外乡人耸耸肩，笑嘻嘻地说：

“抱歉，我已选定街对面那幢空房子，打算粉刷一番，再进些上好货品，那时你就没生意了！”

外乡人说完便走了。

西拉斯眼见对面空房热闹起来，一些木匠在里面锯呀刨呀，一些漆匠爬上爬下，他心都碎了！他无可奈何却又不无骄傲地在自家店门上贴了张告示：敝号系老店，95年前开张。

新店开业前一天，西拉斯坐在他那阴暗的店堂里想心事，他真想破口把对手臭骂一顿。

幸亏西拉斯有个好妻子。

“西拉斯，”她低声缓缓地说，“你巴不得把对面那房子放火烧了，是不是？”

“是巴不得！”西拉斯简直在咬牙切齿，“烧了有什么不好？”

“烧也没用，人家保险了。再说，你这样想也缺德。”

“那你说我该怎么想？”西拉斯冒着火。

“你该去祝愿。”

“祝愿大火来烧？”

“你总说自己是个厚道人，西拉斯，可一碰到切身的事你就糊涂了。你该怎么做不是很清楚吗！你应该祝福新店开业，祝愿它成功。”

“你是脑筋出了问题吧，贝蒂。”

话虽这么说，西拉斯考虑后决定去一次。

第二天早晨新店还没开门，镇上很多人已等在外边。大家看着正门上方赫然写着“新新面货店”几个金光闪闪的大字，都想进去一睹为快。西拉斯也在人群中，他满脸笑容地跨到台阶上大声说：

“外乡老弟，恭喜开业，感谢你给全镇人添方便！”

他刚说完便吃了一惊，因为所有人都围上来朝他欢呼，还把他举了起来。大家跟他一起进店参观。那外乡老板笑嘻嘻地牵着西拉斯的手，两个生意人像是老朋友，开始交流做生意的心得。

后来，两家店铺的生意都很兴隆，因为小镇一年年变大了，就像老西拉斯的年纪。

向你的对手祝愿成功，携手走向辉煌，这是聪明人的举动。相互拆台只会两败俱伤。但是由于各种各样的原因，有的人把对手当做死敌，嫉妒对手的成功，结果用各种卑鄙的手段去攻击对手，这种做法非常不可取！

2. 不断创新

新，拥有极强的生命力；新，更具极强的竞争力。所以我们要做一个“新者”，摆脱旧俗就会有所超越。

1984年以前的奥运会主办国，几乎是“指定”的。对举办国而言，往往是喜忧参半。能举办奥运会，自然是国家民族的荣誉，也可以借机宣传本国形象，但是以新场馆建设为主的人力物力投入，又将使政府负担巨大的财政赤字。奥运会几乎变成了为“国家民族利益”而举办，为“政治需要”而举办。

直到1984年洛杉矶奥运会，美国商界奇才尤伯罗斯接手主办奥运会，运用他超人的创新思维，改写了奥运经济的历史，不仅首度创下了为奥运盈利的纪录，更重要的是建立了一套“奥运经济学”模式，为以后的主办城市如何运作提供了样板。

鉴于其他国家举办奥运会的亏损情况，洛杉矶市政府在得到主办权后即作出一项史无前例的决议：第23届奥运会不动用任何公用基金。因而开创了民间办奥运会的先河。

尤伯罗斯接手承办奥运之后，发现组委会竟连一家皮包公司都不如，没有秘书、没有电话、没有办公室，甚至连一个账号都没有。一切都得从零开始，尤伯罗斯决定破釜沉舟。他以1060万美元的价格将自己的旅游公司股份卖掉，开始招募人员，把奥运会商业化，进行市场运作。

第一步，开源节流。

尤伯罗斯认为，自1932年洛杉矶奥运会以来，规模大、虚浮、奢华成为时尚，他决定想尽一切办法节省不必要的开支。首先，他本人以身作则不领薪水，在这种精神感召下，有数万名工作人员甘当义工；其次，延用洛杉矶现成的体育场；第三，利用当地的三所大学宿舍作奥运村。仅后两项措施就节约了数以十亿美金，点点滴滴都体现出其创新思维的功力、胆识。

第二步，声势浩大的“圣火传递”活动。

奥运圣火在希腊点燃后，在美国举行横贯全美的1.5万公里圣火接力跑。全程圣火传递权以每公里3000美元出售，1.5万公里共售得4500万美元。尤伯罗斯实际上是在卖百年奥运的历史、荣誉等巨大的无形资产。

第三步，狠抓赞助、转播权和门票三大主要收入。

尤伯罗斯出人意料地提出，赞助金额不得低于500万美元，而且不许在场地内包括其空中做商业广告。这些苛刻的条件反而刺激了赞助商的热情。一家公司急于加入赞助商行列，甚至还没弄清所赞助的室内赛车比赛程序如何，就匆匆签字。尤伯罗斯最终从150家赞助商中选定30家。此举共筹到1.17亿美元。

最大的收益来自于独家电视转播权转让。尤伯罗斯采取美国三大电视网竞投的方式，结果，美国广播公司以2.25亿美元夺得电视转播权。尤伯罗斯又首次打破奥运会广播电台免费转播比赛的惯例，以7千万美元把广播转播权卖给美国、欧洲及澳大利亚的广播公司。

通过强大的广告宣传和新闻炒作，门票收入也取得了历史最高水平。

第四步，出售以本届奥运会吉祥物为主的标志及相关纪念品。

结果，在短短的十几天内，第23届奥运会总支出5.1亿美元，盈利2.5亿美元，尤伯罗斯本人也得到47.5万美元的红利。在闭幕式上，国际奥委会主席萨马兰奇向尤伯罗斯颁发了一枚特别的金牌，报界称此为“本届奥运最大的一枚金牌”。

长江后浪推前浪，一代新人换旧人。事物没有是一成不变的，要学会用活的眼光看问题。

洛克菲勒有句名言：“如果你想成功，你应辟出新路，而不要沿着过去成功的老路走……即使你们把我身上的衣服剥得精光，一个子儿也不剩，然后把我扔在撒哈拉沙漠的中心地带，但只要有两个条件——给我一点时间，并且让一支商队从我身边经过，那要不了多久，我就会成为一个新的亿万富翁。”拥有智慧的人不是靠资本成功，而是靠不断创新的精神！

3. 深思熟虑

凡事有思才能至“谋”，只有谋划正确了，才能成功。

从前在蒙古国，有一个快活、机智的游僧。一次，他路过草原，碰见一个牧民无精打采地走着，手里拿着一条马尾巴。

“你出什么事了，为什么这样悲伤？”游僧关心地问他。

“我遭到了不幸！”牧民伤心地说，“一群狼把我的最后一匹马吃掉了，只剩下一条尾巴。你想想看，没有马我可怎么活啊？”

游僧听了很同情，说：“把马尾巴给我，你在这儿等着，我保证给你换回一匹比原先还好的马。”

牧民把马尾巴递给了游僧，就地等候。

游僧拿着马尾巴来到一个村子，那里住着一个贪婪奸诈的王爷。游僧在他的帐篷附近找了一个狐狸洞，使劲把马尾巴塞进洞里，用两只手抓着马尾巴。

过了一会儿，王爷骑着一匹快马疾驰而来，他看见游僧的样子很蹊跷，便停下，好奇地问道：

“你在这儿干什么？干嘛揪着马尾巴？”

游僧回答说：

“我在这儿放马，一不留心，它钻进洞里去了。幸亏我跑得快，总算抓住了马的尾巴，否则就要失去一匹好马了。我先休息一下，然后把它拽出来。”

“是匹什么马，跑得快不快？”贪婪的王爷问道。

“它跑起来像风驰电掣一样，我骑着它一个时辰能绕城跑七圈。它的鬃毛像高山顶上的白雪，它抬起前蹄往上一蹿，鬃毛能触到云霄。”

世上会有这样的好马！王爷听了垂涎三尺，“扑通”一声从马背上跳了下来，推开游僧，就去抓马尾巴，还翻脸训斥游僧：“谁允许你在我帐篷周围放马的？立刻给我滚开！”

“唉哟，我的脚磨出血了，走不动路，请你给我想个办法吧！”游僧装着可怜巴巴的样子哀求道。

“你骑我的马走吧！把马尾巴给我。你给我滚远一点，我不愿意在我的帐篷周围见到你！”王爷吼叫着。

游僧悻悻然骑上王爷的那匹快马，一溜烟向草原跑去，跑到那个牧民跟前，把马交给了他，自己又到各地云游去了。

没有思考，事情也只能原地踏步，说白了就是徒劳！

罗特是美国一家制瓶厂的工人。他有一位女友，身材健美且喜好打扮。有一天，女友穿了一套膝盖上面部分较窄，腰部显得很有魅力的裙子。在路上，人们频频回头欣赏这条裙子。

罗特也注意起这条裙子来，他越看越觉得线条优美。他马上联想到，要是制成这条裙子形状的瓶子也许销路不错。想到这里，他马上转身跑了，连声“再见”也没说。女友感到十分奇怪，生气地说了一声“神经病”就独自走了。

罗特回到住处就在图纸上画了起来。经过试制，这种瓶子不仅美观，而且里面的液体看起来比实际分量多。

不久，美国可口可乐公司看中了这种瓶子，以100万美元的高价购买了这项专利权。

罗特女友的裙子很多人都看到了，然而只有罗特产生了制造这种形状瓶子的念头。许多东西的发明都是得到另一种东西的启发，因此，人们要培养一种由此及彼的联想能力。

《孙子兵法》说“利而诱之”，机智的游僧利用王爷贪婪好利的心理，以一匹只露出马尾巴的莫须有的好马诱他上钩，结果换得了对方的一匹好马；而罗特用善于思考的头脑发现了裙子和瓶子之间的某种联系，并迅速付诸行动，制出“100万美元的瓶子”。可见，只有善于思考，才能拥有智慧。

4. 学会忍耐

生命总有最坏的日子，但“最坏”毕竟不是永远，挨过去后迎来的便是好日子。

梵·高在成为画家之前，曾到一个矿区当牧师。有一次他和工人一起下井，在升降机中，他陷入了巨大的恐惧之中。颤巍巍的铁索轧轧作响，厢板在左右摇晃，所有的人都默不作声，听凭这机器把他们运进一个深不见底的黑洞，这是一种进地狱的感觉。事后，梵·高问一个神态自若的老工人：“你们是不是习惯了，不再感到恐惧？”这位坐了几十年升降机的老工人答道：“不，我们永远不习惯，永远感到害怕，只不过我们学会了克制。”

有些生活，你永远也不会习惯，但只要你活着，这样的日子你还得一天一天过下去，所以你就得学会克制，学会忍耐。

你不习惯黑夜，但黑夜每天适时而来，你忍耐着，天就亮了；你不习惯寒冷的冬季，但冬天的脚步渐渐逼近，你忍耐着，那春天还会远吗？

“等待”一词至为重要。没有等待，美好的日子不会来临。但是，等待必须保持积极的心态，不能消极死守。不能忍受时间的煎熬，也就不能实现你的目标。

有一个小和尚在一座名刹担任撞钟之职。照他的理解，晨昏各撞一次钟，简单重复，谁都能做，钟声仅是指示寺院的作息时间，没什么大的意义，无聊至极，却又无可奈何，“做一天和尚，撞一天钟”吧。

有一天，方丈宣布调他到后院劈柴挑水，原因是他不能胜任撞钟之职。

小和尚很不服气：我撞的钟难道不准时，不响亮？！

老方丈告诉他说：“你的钟撞得很响，但是钟声空泛、疲软，没什么意义。这是因为你心中没有‘撞钟’这项看似简单的工作所代表的深刻意义。钟声不仅仅是寺里作息的指示，更为重要的是要唤醒沉迷众生。为此，钟声不仅要洪亮，还要圆润、浑厚、深沉、悠远。心中无钟，即是无佛。不虔诚，不敬业，怎能担当神圣的撞钟工作呢？”

聪明的人认为，工作中要把每一件小事都和远大的固定的目标结合起来，当目标完全融入生活时，人生目标的达到就只剩下时间问题了。而愚蠢的人就像那个小和尚，只会“当一天和尚，撞一天钟”。

杨格博士是一位诗人。有一天，他和几个朋友乘坐游艇，泛舟泰晤士河上。他吹着长笛，朋友们则尽情地欣赏着。这时，游艇后不太远的地方，有只被军官们占用的船。杨格看到那只官船向游艇靠近时，就不吹长笛了。于是军官中有人问他，为什么把长笛收进口袋里不吹了。

“我把长笛放进口袋里，正如我把它从口袋里拿出来一样——都是为了使自己高兴。”杨格回答说。

那位军官怒气冲冲地威胁说，要是杨格不立刻把他的长笛再掏出来吹，那就不客气了，要把他扔进河里。杨格怕吓着朋友们，便忍气吞声地拿出长笛来。只要对方的船还在河上，他就一个劲儿直吹。

傍晚时分，杨格看到那个曾经对他粗暴无礼的军官独自一个人正在河边走着，便朝他走去，冷冰冰地说：

“今天，我是为了使我的同伴和你的同伴避免引起烦恼，才服从你那傲慢的命令的。现在为了使你真正相信，一个普普通通的人，也会像一个披着军服的人那样有勇气，明天一早，就在此地，希望你能来，带着你的剑，我们就干一场吧，但是不要有别人在场。”那个军官完全同意了这些条件。

第二天早晨，这两个决斗者在约好的时间里，在指定的地方碰面了。军官正准备开战，就在那个时候，杨格举枪瞄准了他。

“干什么！”军官说，“你想暗杀我吗？”

“不是的。”博士说，“不过，你得在这儿跳一分钟的舞，否则，你就会是一个死人了。”

接着是一场小小的争执，看到杨格如此坚决，军官只好屈服了。

当他跳完舞的时候，杨格说：“昨天，你违反我的意愿，逼着我吹长笛；今天，我违反你的意愿，强迫你跳舞。现在，我们两人的冲突以娱乐的方式了结了。”

人生中如果你不能忍一时之痛，那么你的痛苦将是长久的。忍有时不是因为懦弱，而是为了更高的目标做出的一种暂时的退让。这个道理每个拥有智慧的人都知道。

第四章

婚姻和家庭：身心的“避风港”

幸福的婚姻将为我们的成功添上双翼，在我们彷徨失意的时候，也可以在这个避风港里得以安慰与休整。

一、努力追求爱情

1. 要懂得如何谈情说爱

寻找爱情就是寻找精神依托，寻找人生的归宿。现在的社会变得复杂了，社会开放使人们的价值观、审美观、爱情观发生了很大的变化，所以要找到真正的爱情，彼此能够生死相依是很不容易的。

谈恋爱，就是要谈。在谈的过程中，相互交流思想，传递情感，达到相互了解才有结合的可能。所以，要想获得爱情，就要学会谈情说爱。

如果说爱情是人间最美丽的花朵，那么处于热恋中青年男女之间的绵绵情话就是美丽花朵上的一串串晶莹夺目的露珠。它从青年男女的心灵深处涓涓而出，润饰着他们浓烈炽热的感情。在月下花前，在细雨黄昏中，悄悄吐露着爱情的芬芳与甜蜜，给这个世界增添了诗情画意，给人类的语言宝库增添了金玉之声。爱情的语言就像年轻人五彩斑斓的爱情生活一样，充满了无穷无尽的迷人魅力。

（1）使用恋人昵称。短短一句称呼，它是度量人际关系远近的一把尺子。异性间的爱情关系是人类最自然、最密切的关系，所以在称呼上就表现出它的独特性。

称呼的变化标志着“爱情浓度”的变化。青年男女由相识到相知，进而发展到相亲相爱，是有其自然的发展过程的。这种发展过程不仅从对方眼神飞顾留盼的暗示中可以看出，而且双方称呼的变化也会将爱情的秘密泄露出来。而最能显示情人间浓厚感情和亲密关系的，就是恋人间的昵称了。恋人间的昵称千姿百态，因人而异，但是它们有很高的隐蔽性，一般只在私下场合才用。比如，称对方为小宝贝、小白兔、大灰狼等等。

（2）发挥情话魅力。恋人之间的谈话，恰如蝶恋梨花，彩云追月，总是指向一个目标，那就是向对方抒发情感，真可谓“千言万语总是情”。

情话的魅力在于情，爱情是异性之间相互吸引的一种体验，带有很大的冲动性。恋人们在浓情似火的时候，他们的语言就缺少逻辑与理智，说出许多“痴话”、“傻话”来。所以，只要有了真正的爱情，哪怕是说海枯石烂、地老天荒也不过分。

（3）巧用含蓄暗示。当爱神降临到年轻人的心头，可以使鲁莽者变得心细，粗暴者变得温柔，相爱的人仿佛从对方身上发现了一个全新的世界。特别是初恋者，他们彼此互相试探、猜测、幻想，这就使双方变得极为细腻、敏感，每一句话、每一个叹息，都能引起情人的悉心揣摩。

这时候，他们的言谈都充满了含蓄的暗示和突然的倾诉，充满了亦真亦幻的言外之意、弦外之音。因此这绵绵情话就有了许多机巧、许多滋味，这也是柔肠百转的爱情会生出的特殊魅力。

（4）拓宽沟通空间。看着恋人们整天耳鬓厮磨，燕语呢喃，总有说不完的情话，总有诉不完的衷肠，有人就不理解：难道情话就说不完吗？

其实，情话既是可以说完的，又是说不完的。可以说完的话，是指那些卿卿我我、信誓旦旦之类“高浓度”的话。这些感情强烈的话，初听起来确实让人心醉，让人疯狂，而说得多了，就会给人虚伪、夸张之感，就不再那么动听了。

而恋人们更常说却总也说不完的，其实并没那么多“情”字。他们谈论的话题常随意转换，天南地北、海阔天空，也许并没那么诗意，也许还有点琐碎，而恋人们还是那么津津有味地谈着。

在恋人之间，他们的谈话也不再是传递信息的工具，说话的内容对恋人们来说并不重要，更主要的是说话这种行为本身，是伴随着恋人情话的那一种语调，那一种笑声，那一个眼神，这一切都给对方以愉快与欣喜。这正是情话的特殊沟通功能，它重视的不是语言的意义，而是说话的声音、语调；它沟通的不是信息，而是情感与心灵。

对恋人们来说，听着自己喜欢的人那美妙的声音徐徐在耳畔回响，这本身就是乐趣，就是幸福。

总之，向心上人表达爱情，这是一种最甜蜜、最伤神、最微妙的感情活动，既要传达你的爱意，又要在谈话中了解对方的情意，知己知彼方能促进爱情的发展。在表达爱情的过程中，把握好性别角色和情感浓度，发扬大胆主动、锲而不舍的精神，一定能拥有甜蜜永久的爱情。

2. 创造彼此的“共鸣区”

与异性交往时应留心两人的“共鸣区域”，因为许多故事的发生都是始于这个细微的相似之处。

晓莉上插花课时，毫不犹豫地选择坐在自己喜欢的“安静型男士”身边。刚开始时，因为是初次见面，对方又寡言少语，交谈始终无法热烈，直到突然发现两人家乡相同，从此后不仅交谈的话题多了，气氛也热烈了，双方变得好像是认识很久的老朋友。

因为来自同一个“家乡”，有助彼此敞开心扉，这在心理学上，称之为“共鸣区域”。彼此有了共鸣区域，会快速地变得亲密。

制造共鸣区域，可从籍贯、学校、血型、出生年月日、兴趣等“事实关系”中寻找根源；或是从对电影和电视剧的感想、喜欢的饮食等“心理层面”中创建关系。

寻找事实关系的根源在某些场合中确实有效，不过，由心理层面“开创”关系，也能让彼此交往顺利。所以，意识到和对方有共同点时，就必须迅速加以强调扩大。如果她说：“我最喜欢中国队的杨晨。”而你只回答说“是吗”是不够的，如果回应说：“范志毅也很帅，他的表现很沉稳。”强调彼此共同的兴趣，扩大谈话范围会使彼此有更多的交流。

当她说：“梁朝伟好棒！”就算不太喜欢梁朝伟，你也最好迎合说：“是的，无论演电影或电视，他都很出色。”至少不要唱反调，突兀地说：“我没觉得他哪里好。”懂得回应“和我的感受很类似”、“和我很合得来”，好感就从那里诞生了。为了增加效果，创造两人所拥有的共鸣区域，可让对方惊讶而高兴地说：“真是巧合！”异性朋友特别容易相信命，如果说得让对方觉得好像两人命中注定会相识，会让对方惊喜地说：“真是缘分啊！”

一对情侣这样对话：

“昨晚你看《花样年华》了吗？真是感人！”

“嗯，我看了也很感动呢！你还记得结束前那段情节吗？”

而另一对情侣的对话是：

“今天好热啊！”

“没那回事，还满凉爽的！”

不管是什么人，自己说的话被否定，心情都不会愉快，为了天气冷热而争吵不是毫无意义吗？请配合对方的意思起舞吧！

配合外在条件很简单，在心理学上，称之为“配合脚步”。就好像情侣装一样，尝试和对方穿戴相同或类似的服装。

接着应该配合的是动作。情侣们的动作往往会很相似，英语中“喜欢”是like，“相似”也是like，也就是人喜欢类似的人。不过，虽然建议配合对方的动作，但是千万别过火了，这样会给人一种不自然的感受，不仅不受异性欢迎，人际关系也不会有好的进展。所以，务必要注意不露痕迹、自然地配合对方的动作。

3. 寻找你所爱的人

在现实生活中，我们接触了很多男人或女人，但是都没有感觉，我们一直期待着自己所爱的人能够出现。突然有一天，你发现了，那个人就是你的梦中情人。这时候你的全身血液都会沸腾起来，你会用全部感情去追求你的梦想。

挑选爱情对象，就是从众多异性中找到一个在价值上、理想上适合自己的人。

在阿尔弗莱德·缪塞的小说《弗雷德里克和贝纳勒塔》中，巴黎的一位歌女贝纳勒塔向自己心爱的人弗雷德里克承认："自从我爱上了你，所有的男人在我的眼里都显得丑陋和愚蠢。"

莫恩姆笔下的主人公，一个流浪汉贝特曼向伊莎贝拉说："除了你，我看不见任何人。我想象不出，有谁能够像你。"

爱情具有不可替代性，这是感情、愿望、世界观的绝对的融合，是爱情的价值所在。

不管是男人还是女人，都想找一个尽善尽美的对象，然而现实中都是一些具体的、有缺陷的人。这就造成了爱情的矛盾和痛苦，有些人是花里挑花，挑得眼花。这就要把理想与现实结合起来。

当你把目光注视在一个具体对象身上，你的理想就会具体化，你就会在他身上发现能够吸引你的东西。如果你不求全责备，他就可能成为不可替代的对象。

一般来讲，不可替代的男人应该有以下优点：

（1）诚实、正直、不虚伪。

（2）有大将风度，遇事果断，敢作敢为。

（3）博学多识，勇于进取，有强烈的事业心。

（4）爱憎分明，有正义感。

（5）懂得生活，兴趣广泛，会体贴人、关心人。

（6）体态魁梧，五官端正，举止大方、自然、潇洒。

而能够成为男性心目中的理想女性，你应该具有以下优点：

（1）天性快乐，善良开朗。女性的快乐，使周围的人们感到轻松、愉悦，感到青春的美，从而愿意与其交往、与其接近。她们带给别人快乐，同时也获得心理上的满足，增强了自信，对生活也更加热爱。

（2）具有女性美。这里首先是指外貌美，天生丽质。中世纪哲学家托马斯·阿奎对人体美的观点值得借鉴：“美有三个要素：第一是一种完整或完美；第二是适当的比例或和谐；第三是鲜明，所以鲜明的颜色是公认为美的。”其次，女性美是指举止言谈、举手投足、一颦一笑都招人喜欢。

（3）个性突出，与众不同。对于男性来说，女性貌美是直接的吸引力，然而，随着交往和了解的加深，真正能够吸引男性的，是她与众不同的个性，个性化的表情、个性化的语言、个性化的装束，因为这是她的特色，是其他女人所没有的。

（4）温柔体贴，态度可人。温柔是女性的本色和天性，这是由她们的感情特点所决定的。女性都富于同情心，比较关心和体贴他人，比较容易让人接近，这些都是男性们自愧不如而心驰神往的。英国诗人罗伯特·白朗宁说：“它是柔软的枕头，它是沉静细腻的声音，只要你感受一次，就会终生难忘。”柔情似水，似乎是柔弱无力的，但水可以穿石，柔可以克刚。所以说，温柔是女性的可爱处之一，缺少温柔的女性，就像没有芳香的花朵，是不招人喜爱的。

（5）聪慧机敏，灵巧活泼。聪明的女性对男性有较大的吸引力。善于思考问题，表达独特见解，思维活跃，反应灵敏，有一定的个人爱好，生活情趣浓厚，能使人触发灵感，这样的女性自然会使异性产生兴趣。跟她在一起，生活会变得充实，有着无穷的乐趣。

（6）衣着整洁，款式得体。衣着打扮反映着一个人的精神状态，男性最容易以此判断一个女性的性格和风度。整洁合体的装束会使人感到清爽、利落；新颖别致的服饰会使人楚楚动人，增添几分魅力。相反，不修边幅的女性，不仅会降低自身的价值，而且会使男性认为是对他的不尊重。

在寻找不可替代的对象的时候，应该注意以下三点：

（1）必须说明，合乎理想的相互补充品质的情况实际上是无法实现的。如果这样完全相互补充，那倒是很大的不幸。因为，生活证明，达到理想就意味着爱情的毁灭。恋人的大部分品质和属性，尤其是个人最重要的和最本质的品质和属性结合起来，就会产生爱情。

当一个人喜欢意中人的气质和风度，觉得在思想上接近，他就不会去计较对象的头发为什么不是弯的，对象的鼻子为什么略微偏离审美标准等等。

（2）我们说，在挑选的过程中，应该把意中人的品质综合起来考虑，全面地看待“优点”和“缺点”。个别的因素无足轻重，没有决定性的、绝对的意义。对个别的因素，应该从它同整个系统的其他因素的相互作用来加以考察。

一个男人和一个女人在挑选爱情对象时，不要把这个对象的身体结构、气质和性格单独加以比较，而应该从总的印象出发，去完整地作出评价。

（3）在具体挑选时，单个成分的意义是各不相同的。可以有把握地说，这些成分的意义取决于它们的性质本身。另一方面，在各个因素的具体作用的对比关系方面，存在着各种个别的区别。这个问题具有很大的特殊性。

一个人的生理结构和解剖结构越和谐，越接近规范，这个人被挑选的机会也就越多，而不必弥补过多的“缺陷”。通常，一个人的注意力首先指向异性的第一性的品质。一个男人喜欢一个女人表现在个人的气质和身体结构上的女性特点，一个女人也喜欢一个男人表现在各种不同的类型上的男性特点。

一个男人和一个女人可能具有共同的价值观念、几乎吻合的社会观点、共同的生活理想、相同的个人计划和愿望，这是牢固的同志情谊、深刻的富有自我牺牲精神的友谊的重要基础。但是，如果没体质和气质做必要的相互补充，如果双方实际上并不相互喜欢，爱情是不会产生的。历史上有许多这样的例子。共同的理想、相同的观点，从来都“校正”不了自然的本性。

4. 让约会充满浪漫的气氛

几乎所有的恋人在约会时，都期望创造出一种浪漫的气氛。但令人惋惜的是，大多数的男人在这方面都还没有达到及格的标准！

在此，我们应首先谈谈浪漫的行为、地点及事物，其中都必须“含有某种出其不意的成分”。在没有值得特别庆祝的时刻，送她一朵玫瑰花就很浪漫。如果你每个星期都送她一朵玫瑰花，送上几个月，就失去了浪漫的价值。恐怕有许多男人就是因为这样而失败的。

当任何事情一旦成了例行公事，浪漫的成分自然也就荡然无存了，你决不应该这样。可是，不知道有多少人还执迷不悟地被困在那呆板的约会上。你应该知道：如果总在一家餐馆吃单一的一顿晚餐或去看一场电影，她可能并不讨厌那家餐厅的口味，她也可能会愣愣地坐在那儿看电影，但总有一天，这无聊的重复的戏剧表演会宣告闭幕，终至“人去楼空”。

浪漫的情调，能渗入到任何一件你们所做的事情里。让我们丢掉以前那些过时的约会方式吧！谁还会要听那“某绅士邀请某淑女共赴舞会”之类的老掉牙的玩意儿呢？我们所需要的是寻求一套崭新的技巧和方法！

“约会”，并不仅仅是“一起到某个地方去”。它必须有某些“可行”与“不可行”的界限。当你晚上觉得电视节目太乏味，而终于决定带她出去走走，那实在不叫约会。或者说：“嘿！你看看报纸今晚有什么好片子上映吗？”这也不算是约会。女人希望“一切由男人做主安排，征求她的意见，然后带她去”。如果你想依赖她来决定去哪里的话，那你们会磨磨蹭蹭，白白浪费一些时间。如果一定要由她要求你带她出去的话，你们将会丧失很多浪漫的情调。她希望自己成为你的特殊客人，换句话说，也就是你的女人，你愿意将一天或这一晚上的时间都献给她。当然，出其不意也不错，可是那种精心策划、巧妙安排的“出其不意”，有时反会弄巧成拙。比方说，你和她正漫不经心地散步到了某音乐厅前，节目快要开始了，你忽然建议进去看看那入场券早在两星期前就抢购一空的音乐会，而你口袋中恰有两张票。之后，你又有意无意地带她去一家十分高档的并可以欣赏夜景的餐厅，门口排着很多人在等位子。天哪，你竟然预先订好了桌位！但是像这种约会不仅没有一点使人陶醉的气氛，反而会使人有不自在、不自然和受拘束之感。而且明明白白是你预先就安排好的“老一套”，一点也不新鲜，反而令人厌腻。

女人需要与自己的男人约会，是因为希望自己成为他的女人。一个约会代表着一个男人和一个女人，而非一群人。那种4人两对式的约会，只适用于大学生假期里的郊游，或者家庭主妇的花园俱乐部，而不适用于一对浪漫的情侣。如果每当你带她出去的时候，她总喜欢拉个伴的话，这很可能是因为你常忽视她的存在，未能使她有一种“只想和你在一起”的动机和愿望，所以，她是怕受你的冷遇，才有意这样做的。

有关约会，还有一件值得提及的事，那就是大多数的男性对约会的花费过于重视。他们认为一次成功的约会，足以使自己的经济出现赤字。但事实却不尽然。也许你在100个女孩子中也很难找到一个女孩以男人花钱多少来衡量每次约会的价值。也就是说，假如你认识的这个女孩，专以看你每次约会中摆阔气、胡乱花钱为乐的话，那你大可以与她一刀两断，因为这样的女人太俗气，太势利，不值得去爱。

当然，如果你的兜里确实不怎么充裕，要想和女孩子约会，那你则必须选择一个“曲径通幽”之处，到那茂林修竹之地，畅叙幽情，创造浪漫气氛，这样就可以尽情享受精神上的乐趣，去弥补物质享受的不足。通常，对于恋爱中的男女来说，精神上的满足比物质上的满足更为重要。避开众多人群，到那风景如画的地方去欣赏大自然的风貌，别有情趣，而且花钱也少，何乐而不为？

以女孩来讲，约会可以是一次简单的午夜散步，甚至你们可以借着月光，在河边谈谈心。当然，白天还可去郊外钓鱼，此时此刻也许谁也不会注意浮标动了没有。如此充满欢笑的日子，是多么令人陶醉啊！事后你可以对她说：“以往我所做的任何事情都不重要，唯有和你在一起，才是值得回味的。”

请你记住，只有充满浪漫的约会，才能使人心醉。

5. 把勇敢和机智结合起来

如果你有了既定的目标，就要勇敢地追求。精诚所至，金石为开。如果再把这种勇敢与机智精神结合起来，相信你会更有把握赢得幸福。

曾连任印度总理，被世界公认为“最有权势的女人”的英迪拉·甘地从小就抱定了“终身不嫁”的宗旨，并立志献身于民族事业。可是，1942年，25岁的英迪拉竟宣布与一位和她地位极不相称的名叫费罗兹的青年结婚。其实，费罗兹已追了她9年之久，其间不仅曲折异常，而且也不乏机智精明之举。

费罗兹出生于一个海军轮机军官家庭，12岁时当上了童子军，参加了学校童子军副团长马拉维亚所领导的组织，这一关系带给了他与马拉维亚在政界中牢固的同志般的友谊。后来，他决心献身于自由运动，参加了国大党，通过与马拉维亚的关系，他可自由出入印度首相尼赫鲁的官邸，进入了尼赫鲁家庭的生活圈子，从而有机会经常与尼赫鲁的女儿英迪拉接触。英迪拉正当年少，端庄秀丽，身材苗条，聪明伶俐。费罗兹深深地爱上了她。同时，英迪拉也十分爱慕费罗兹英勇无畏的精神，他那坦率诚恳的态度、真挚的友爱、无私的精神，以及趣味横生的幽默感。

然而，费罗兹十分明白自己的处境。他与英迪拉的家庭背景相去甚远。费罗兹出生在一个收入相当有限的家庭。尽管英迪拉的家庭已经“放弃”了豪华的生活，但是，按照印度的标准，她仍然是在一个奢侈的家庭中长大的。更主要的是，费罗兹家庭名不见经传，而尼赫鲁家庭却是名门望族。另外，在印度社会中，两性被严格地分开，不容许青年男女间自由地选择。尼赫鲁家尽管十分欧化，可是在许多传统的道德观念与社会准则上仍是相当保守的。并且，英迪拉虽然喜欢费罗兹，但还没有到下决心排除干扰嫁给他的程度。如果费罗兹十分明显地表达他对英迪拉的感情，那么可以肯定，他会立即被排除出尼赫鲁家庭的生活圈子。面对这种情形，费罗兹不甘心就此罢休，决心狠下内功，从长计议。

一方面，他决定继续增强与英迪拉的感情，同时警告自己在事情没有成熟之前不要轻举妄动。从此，为讨英迪拉欢心，他对她关心备至。甚至当英迪拉到英国牛津大学留学时，他仍经常去看她。无论她去什么地方，费罗兹总是跟着她，帮她料理日常事情，关心她的健康，陪她去欧洲各地旅游。两人的感情终于到了牢不可破的程度。可是当着尼赫鲁家人的面，费罗兹仍然比较克制和谨慎，更加严格地遵守社交规矩。

另一方面，他明白在印度，儿女的婚事是由父母决定的。因此，只有获得尼赫鲁及其夫人卡麦拉的欢心，才能将英迪拉娶到手。当时卡麦拉得了肺结核病，身体不好，这给费罗兹带来了机会。每当卡麦拉身体好转，按照国大党的安排到附近村庄活动时，费罗兹就提着一个为她盛着茶点的小盒子，跟随着她。卡麦拉有时候旧病复发，结核病容易传染，许多近亲都避免去探望她，可是费罗兹却一直在她身边供她差遣，用说不完的故事和政界消息给她解闷。甚至连为她洗痰盂这种连官邸里的清洁工人也表示厌恶的事，他都乐意去做。这样做，使他成了尼赫鲁夫妇最信赖、最欢迎的人。

终于，在费罗兹连续9年的进攻后，25岁的英迪拉十分感动，改变了“终身不嫁”的想法，决定与费罗兹结婚，并亲自去说服自己的父亲。尼赫鲁对费罗兹那时已很钟爱，所以他并没有因为费罗兹出身低下、并且是一个异教徒而横加干涉，而是尊重了他们的选择，并为他们安排了十分隆重的婚礼。

二、你的另一半是你人生制胜的法宝

1. 爱人是你的恩师

每个人都有自己的闪光点，你的爱人也不例外，我们要为自己寻找“良师”。

爱人能够增长你的才华，端正你的思想，爱人之间不断的沟通也能够间接地提高你的学识，启迪你的心灵。

李清照是我国词坛上享负盛名的女词人，她与丈夫赵明诚之间的真挚情愫也一直被传为佳话。

李清照18岁时嫁太学生赵明诚，赵明诚是丞相赵挺之子，对经籍、文学特别是金石学很有研究。她们结婚以后，感情融洽，志趣相投，互相切磋诗词文章，共同研砥钟鼎碑石，经常会有新奇的感悟和发现。为了搜集名人书画和古董奇器，李清照用度力求节俭，“食去重肉，衣去重彩，首无明珠翡翠之饰，室无涂金刺绣之具”。每逢初一和十五，他们总要到都城开封的相国寺一带的市场上去寻访金石书画，然后倾囊买回家里。如此几年，积少成多，他们的书斋“归来堂”中，单是钟鼎碑碣之文书竟有2000卷之多。

赵明诚编纂《金石录》的时候，李清照也为此全力以赴。她博闻强记，每当丈夫对材料出处有所遗忘或疑惑时，她能很快说出某事在某书某卷第几页第几行。夫妻之间，相互鼓励，乐在其中，共同进步。

他们在这样互相激励与学习的日子里，共同度过了美好的时光。

李清照与赵明诚之所以能在各自的领域里创造出非凡的成绩，与二人能够互相学习、互为补充有着至关重要的联系。

以你的爱人为师，在互相欣赏、互相肯定的同时，既弥补了自身能力的不足，又给对方以真诚的鼓舞，激发出各自更多的潜能；两个人相互尊重与爱慕的同时，也让双方以更积极的心态去面对各自的事业，取得非凡的成就。

2. 爱人是你的助手

没有人的事业是一帆风顺的，在前进的途中，我们需要一位得力的助手，你的爱人就是合适的人选。

三国时蜀汉丞相诸葛亮，南征北战，治国安邦，为蜀汉的发展立下了赫赫功劳。他的成就与其贤内助黄氏的辅佐是密不可分的。

诸葛亮，琅琊阳都（今山东沂水）人，小时候生活十分困苦，三岁时母亲去世，八岁时父亲也告别了人间，家中留下了未成年的四个孩子：哥哥、姐姐、小弟弟和他。二老去世不久，哥哥出外谋生，诸葛亮和姐姐还有不懂事的小弟弟仍留在家乡苦度时光。俗话说：深山出凤凰，贫家出好郎。诸葛亮既吃苦耐劳，又聪明能干，而且长得相貌堂堂，十里八村的人们谁见谁夸。诸葛亮从小就胸怀大志，要超管仲、胜乐毅，长大后安邦治国。于是他白日里辛勤耕作，到夜晚则挑灯苦读。久而久之，诸葛亮诗词歌赋样样精通，天文地理无所不知，典章兵法倒背如流。

附近有个女子小名叫阿丑儿，出生于官宦世家。她父亲黄承彦曾多年在朝为官，人品、学识朝野闻名，后因对时政不满，便辞官回乡务农。黄承彦平时经心传授女儿各种知识，那阿丑儿本来聪明过人，学习时又格外用心，不几年的工夫，便已是上通天文，下通地理，精于诗画，长于兵法了。

阿丑儿和诸葛亮相识后，两人就经常在桑葚树下一块攻读兵法，研究学问。从此，阿丑儿回家张口闭口夸诸葛亮聪明、勤学，黄承彦本人也对少年诸葛亮的才学早有耳闻，在阿丑儿的帮助下，黄承彦将诸葛亮收为关门徒弟。黄老先生很喜欢诸葛亮，他巴不得把浑身解数全传授给他，诸葛亮如鱼得水，学习得更起劲了。

后来二人结为夫妻，在阿丑儿的提议下诸葛亮开始研创新的阵法。最后，诸葛亮费尽心机，终于发明出一种“八阵图”来。这种阵法吸取了“八卦阵”、“长蛇阵”、“九曲黄河阵”、“天门阵”等阵法的长处，能攻能守，易于围歼。

两人互敬互爱，你帮我助，生活十分美满。

再后来，刘备三顾茅庐，诸葛亮和黄夫人告别了充满甜蜜回忆的隆中隐居生活，去辅佐刘备打天下。从此以后，黄夫人协助丈夫征战不息：火烧赤壁、三气周瑜、五次北伐、七擒孟获、治理蜀汉，同甘苦，共患难，可谓功绩赫赫。这对夫妇的爱情故事也在民间广为传颂。

3. 爱人是你的动力

爱人不仅给了你最诚挚的爱，也寄予你深切的期望，他不断地鼓舞着你、鞭策着你，是你走向成功必不可少的动力。

春秋时期的重耳，如果没有妻子齐姜的明义知理，如果没有齐姜的配合协助、自我牺牲，他也许只会因贪图夫妻和美的安乐生活而老死他乡，也不过是一个受继母迫害的公子，哪里能成为春秋五霸之一呢？齐姜深知，要成大业必须首先抑制住贪图享乐、安于平淡的心理，只有发奋图强，才能够不断进取，建功立业。她鞭策丈夫不要忘记自己的国家，当他放弃努力、丧失斗志之时，齐姜又想方设法，毅然将沉浸在安逸生活中的丈夫送上了复国大路，并最终促使重耳有所作为。

在你贪恋安逸的生活时，更需要爱人推动你前进。

4. 爱人让你走向成熟

面对生活中的种种诱惑，我们常常会迷失方向。而爱人会让我们走向成熟。

乐羊子，从小贪玩厌学，一事无成。而他的妻子却聪明勤快，总想借机对丈夫进行劝勉，以激励丈夫立志。有一天乐羊子外出在路上拣到一块金子，非常兴奋地拿回家给妻子看。妻子对他说：“我听说有志之人见盗来的泉水便羞于饮用，清廉之士见嗟来之食便拒绝接受，更何况这种拾遗求利玷污名声的行径呢！”乐羊子听了，心中十分羞惭，他想：妻子是个小女人，尚能有如此见识，何况自己身为堂堂七尺男儿，怎么就如此缺少志气呢？想到这里，乐羊子便跑到野外，将拣来的金子丢了，回家向妻子表示，要远寻老师，外出求学。妻子听了很高兴，便帮乐羊子整理行囊，鼓励他早日学成归来，以免自己在家日夜牵挂。

乐羊子出外学习刚刚过了一年，就回来了。他的妻子以为他是学成归来，十分高兴，一问，才知并非如此。她问乐羊子：“夫君为何中途而返？”乐羊子说：“没什么，只是离家久了，想回来看看。”乐羊子妻害怕丈夫故态重萌，磨灭了志气，便持着刀子走到织机旁，一下将织物割断，然后对乐羊子说：“这个织物是从蚕茧抽丝开始，一根丝一根丝地积累成寸，然后又一寸一寸地积累成匹。如今我把它给割断了，不但不能取得最后的成功，而且把以前所用的时光也白白浪费了。夫君求学也是如此，应当知道时间一去不返，要利用宝贵时光完成学业，以成就自己的美德，假如半途而废，与我割断织品又有什么两样呢？”

乐羊子听了深受启发，他立即返回求学之地，7年都没有回过一次家，最终学有所成。

三、家是你的港湾

1. 家是幸福的源泉

家是强大的，它强大到你必须依赖它并得到它的保护与慰藉。它，是爱的仓库，是幸福的源泉。

很多时候，李红下班打开家门，便开始做饭，一阵“锅碗瓢盆交响曲”之后，她随手取一份报纸或杂志，胡乱地看起来，心中却企盼着门口传来开门的声音。丈夫开门的声音是沉稳的，那一声“啪哒”响亮而又充满力度。

不知道你有没有同样的体会，“开门”本来是很平常的一件小事，却也能让人激动万分。在家庭的港湾里，爱人就像是海里漂泊的船，当小船靠港时，心中又怎能不涌起无限的感动与依恋。

其实，岂止“开门”的声音会让人兴奋和激动，生活中的很多小事，都会让人感受到爱人之间相互牵挂的幸福。

比如，每天按时回家吃饭，哪怕只是简单的家常便饭，也能让人感受到家庭气氛的温馨和舒适。如果你的爱人有特殊事务不能回家，当他给你打来电话，告诉你他大概会在何时回来，让你吃饭别凑合的时候，是不是也会让你感觉到爱人对你的惦记呢？

还有，爱人和你平常聊天也是你们快乐的源泉。

不论什么话题，小到一天的见闻，不知从哪儿听来的趣闻逸事，大到军国大事，都会缓解你的疲劳，带给你轻松和欢乐。话是开心的钥匙，虽然每天空气中都充溢着电波，只要打开电视机、收音机、电脑，我们就可以接受汹涌的资讯、听到无数的声音、知道无数的新奇事，但最能打动你的，还是爱人的只言片语。

平时的家务劳动也是二人世界的极好的滋补剂。如果两个人首先从心理上默认洗衣买菜做饭等事不仅仅是生活必需，而且是在表达着自己对爱人、对家庭的一种责任和感情，那么家务事也会变得不那么繁重了。尤其当周末的时候，两个人一起拎着菜篮子，边走边谈，有说有笑地一道去买菜，回来一起动手，共尝生活的甜蜜，那是一种多么幸福的感觉！节假日的时候，你们有计划地安排一些活动，比如就近逛逛公园、散散步，买点东西；或者是在家里一起听听音乐、看看经典影片，然后交流一下感受，相信这一切都会令二人世界充满甜蜜。“平平淡淡才是真”，爱人所带给你的生活常常是安宁而幸福的。“执子之手，与子偕老”，相信无论是谁，看见两个饱经岁月沧桑的老人还能够相互搀扶着走在马路上，或者依偎在公园里洒满阳光的长椅上，都会忍不住回头张望。感受人间最真挚的情感，有爱人牵手的一生是幸福而充实的人生，有爱人陪伴的日子，会让人体味到生活的无限美好。

家是幸福的源泉，让你体会到生活的幸福与温暖，燃起你对生活的热情，激发你创造出美好的生活。

2. 家风使你更有奋斗的资本

一般说来，一个人在社会上的表现，也源于他居家的表现。

礼仪失修，家风不纯，严重的，往往会造成家庭乐章的不和谐。现实生活中不少人家，婆媳关系、姑嫂关系、夫妻关系之间“冷冷热热”的现象时有发生。做婆婆的常叹息：媳妇毕竟不是自己养的；媳妇呢，也常常恨得“理直气壮”：婆婆毕竟不是亲娘。基于这种认识，家庭矛盾又怎能不愈演愈烈呢?

家庭不讲礼仪，没有规矩，孩子就像野马一样，横冲直撞。现在有些学生，在日常生活中，见面不知道打招呼，给老师起绰号，骂人、打人，一身的霸气、匪气，这都与家风不纯有很大的关系。

所谓家风，是一种由父母（或祖辈）所提倡并能身体力行和言传身教，用以约束和规范家庭成员的一种风尚和作风。家风是一个家庭所长期培育和形成的一种文化和道德氛围，有一种强大的感染力量，是家庭伦理和家庭美德的集中体现。“家风”已经形成，就能不断地继承发展并有着日积月累并潜移默化地陶冶家庭成员性情的作用。正如社会风气是社会道德水平的一个重要体现一样，家风是一个家庭成员的道德水平的体现。家风作为一种精神力量，它既能在思想道德上约束其成员，又能促使家庭成员在一种文明、和谐、健康、向上的氛围中不断发展。

家风同社会风气有着相互渗透、相互制约的关系。家风一方面要受社会风气的影响，同时，它又能反过来对社会风气的形成、变化发挥强有力的作用。良好的社会风气有助于良好家风的形成。如果能重视家风的建设，那么，良好的家风也能够对社会上的污浊空气起到很好的净化作用，有利于整个社会风气的改善。

一个文明、和谐、健康、向上的家风，一般说要包括以下几个方面的内容：

（1）尊老爱幼的风尚。

（2）孝敬父母的风尚。

（3）勤俭持家的风尚。

（4）诚实守信的风尚。

（5）勤奋好学的风尚。

一个良好的家风需要几代人的努力，一旦形成，就会创造幸福家庭，且使世代受益不尽。

3. 温馨家庭是人生爱的结晶

有人将家庭比作避风的港湾，有人将家庭比作温暖的火炉，也有人将家庭比作温馨的摇篮。这些都说明了一个道理：人人都关注家庭，人人都渴望拥有一个和谐幸福的家庭。

古也罢，今也罢，大凡一个人生活的喜悲，心情的好坏，乃至事业的成败，都与家庭是否理想紧密相关。家庭，对于每个人来说，都是极其重要的。

托尔斯泰说：“幸福家庭皆相仿，不幸家庭各不同。”

幸福家庭的共同特点是：

（1）夫妻恩爱；

（2）子女成才；

（3）敬老爱幼；

（4）丰衣足食；

（5）成员之间坦诚和谐；

（6）业余生活高雅；

（7）声望良好；

（8）睦邻多友。

假如，你忙于工作而无暇顾已，每次总是妻子娇嗔地拿着洗净熨平的衣服催你换洗；假如，你在外面受了闲言中伤，回家后，丈夫体贴地劝慰你“别理它”；假如，你去学校参加家长会，一入校门就看见光荣榜上你的孩子名列前茅……这时候你就会充分享受到幸福家庭的快乐，你会感受到成功人生的快乐。

你愿意为这样一个幸福家庭做一些事情吗？那就参考一下吧：

（1）经常举行家庭聚会。

（2）和家人经常谈论彼此的希望、志向，生活的恐惧和烦恼，成功的喜悦和庆幸。

（3）随时公开家务状况，让每个成员帮你分忧解难。

（4）设计一个全家合作参加的计划，让每个人都能分享成功和快乐。

（5）组织一些家庭娱乐活动，如卡拉OK大赛、游戏比赛等等。

（6）经常陪家里人散散步、打打球，一起锻炼身体。

创建一个幸福的家庭，你就创造了自己的成功人生。因为，不管你在其他方面成就有多大或有多成功，如果你不能使家庭生活幸福，那么，你的成功就会黯然失色。

一定要保护好你生命的根——家庭！

四、不要为爱情自掘坟墓

1. 婚姻需要经营

爱情和婚姻也像地球上任何有生命的生物一样，需要不断地浇灌和维护。

结婚，无疑是件严肃庄重的事。只有建立在理性基础上的婚姻，才会成为幸福的婚姻。约翰逊曾说：“只为金钱而结婚的人其恶无比；只为恋爱而结婚的人其愚无比。”

的确，婚姻并不是可以随便、草率，在任何地方都可以开始从事的事业。如果你想要结婚，那么在此之前，希望你能对自己、对对方，都有一个全面、清醒的认识和了解，并对你们双方爱的深度与持久性有一个全面的把握。

由于错误的原因，而盲目地奔向婚姻殿堂的年轻人实在太多了。有的人仅因贪恋对方的青春美貌，就匆忙地结了婚；有的人却是因为太过于向往幻想中二人世界的幸福美满，而冲动地结了婚；有的人仅为了逃离父母的束缚，而胜利大逃亡似的结了婚；有的人迫于家庭的压力，而无奈地结了婚；有的人因看上了对方的财富或权势，而违心地结了婚……

其实，婚姻生活并不像充满幻想、初尝爱情甜蜜的年轻人所想象的那样，会晴空万里，一片明朗。生活不可能总是一帆风顺，现实的婚姻生活，会不可避免地面临挫折和困难的考验。当然，如果能克服所遇到的各种困难，婚姻生活就会像永无尽头的爱的源泉，成为自己的安乐窝、避风港。

婚姻是一种选择，一种慎重的选择。选择一辈子的伴侣，不是仅仅以感情的好恶为依归，也不能仅从纯精神层面作判断，更不能借外表来选择。婚姻的选择本来是为了要实践承诺，是要与对方相守一生的。

真正的爱情是永远不会枯萎死亡的。许多人婚后感情破裂，往往是因为他们没有用心去经营自己的感情生活，在于他们的情感本来就是盲目的，或者根本就没有理解爱的真正内涵，他们没有用心去感悟自己与对方最细微的情感的需要。

爱情和婚姻关系的发展决不取决于命运，而是由相爱的双方不断的维护和经营来控制的。在相爱初期，一切都是美好的，也不会出现什么危机。但是，尽管人们怀有美好的愿望，随着时间的推移，还是有不少人会慢慢变得懒惰，他们对自己的行为给爱情关系带来何种影响变得不再敏感甚至麻木了。实际上，爱情关系不会一成不变，它不是朝着加深的方向发展，就会朝着破灭的方向发展。

人们在爱情和婚姻关系中所负的责任是不能间断的，因为爱情就是一种感觉，一种连续不断的、温暖的、充满活力的感觉。你应该主动采取有效的措施，以促使爱情生活向好的方面发展，这样，你就不再是一个爱情行为中的被动者，而是一个主动追求爱情的、幸福的人。

你要记住：用心去寻找你的爱情，精心去呵护你的婚姻。对自己、对爱人、对家庭负责，那么，你就会收获一生的幸福！

2. 善于交流沟通

即使相爱的两个人，交流也很重要，它能够拉近彼此的距离，并在沟通中建立理解和信任。

和爱人相处，首先要懂得求大同、存小异。为了让相互的感情交流畅通无阻，交流思想更富有意义和价值，双方应该在生活的各个领域内，力求缩短彼此之间的心理距离。例如在教育子女的问题上，妻子主张以“爱”为主，丈夫主张以“严”为主，这样双方就产生了矛盾。然而，在“必须对子女进行教育而不是放任自流”这个大是大非问题上，双方应该首先取得一致意见，然后妻子和丈夫可以按照自己的模式，适当灵活地对子女进行教育。这样做，不但有利于子女的健康成长，而且也有助于你们之间的关系能够得到协调发展。

同时，注意发现和培养你们共同的情趣。共同的兴趣和爱好，可以增进夫妻间谈话的广度和深度，增加感情交流的频率和速度，尤其要寻找彼此能够共享的某些事情，使双方充满乐趣。

其次，要学会时刻表达你对对方的感激和爱情。丈夫对妻子做的每一件小事都应表示感激之情，即使是给他熨了一件衬衣，也是如此。妻子对丈夫在生活上的体贴、经济上的帮助也应该表示感激。夫妻双方时刻使用“谢谢你”三个字，看来无关紧要，实际上这是情感交流的一种有效方式。因为彼此能感觉到自己是被对方需要的。

有时候，感情交流还需要亲口说出来，最能表达夫妻情意的就是“我爱你”，即使你们结婚多年且关系良好，也不要忘了这三个字，它会帮助夫妻之间架起一条全天候的通讯线路，使不幸的日子可能变得容易承受，使美好的日子变得更加灿烂。

然后，你要学会观察和倾听。夫妻应当知道彼此的需求。丈夫回到家里显得忧虑和沮丧，那么无论妻子说什么都不会引起他的兴趣，这时应该给丈夫多一点亲昵和爱抚。同样，当妻子闷闷不乐、沉默寡言时，丈夫应当放下手中的工作，静静地坐在妻子的身边，聆听妻子的心声。这就需要双方增加敏感性，帮助妻子或丈夫解决他们的内心冲突。无论哪一方在学习、工作和生活中受挫后，另一方的循循善诱、冷静分析以及间或表现出来的无限爱恋，正是他（她）所渴望的。因此，爱人之间应该学会用整个身心来感受对方的心灵，倾听对方的意见，从而拉近彼此的距离。

最后，要用诚实建立你和爱人之间的信任和尊重，做到言行一致，以心换心。

现实生活中，我们对诚实的人所做的事，总是放心的、确信不疑的；相反，一个虚伪的人，人们就不会轻易地相信他的话和他所做的事。在你和爱人相处的过程中，情况也同样。一个经常在妻子面前隐瞒这隐瞒那的丈夫，总有一天，会被妻子发现而从此对他抱有戒心和不信任感；而一个经常在丈夫面前“谎报军情”的妻子，也一定会让丈夫永远用怀疑的目光瞧她。

只有做到言行一致，用诚意去“给予和付出”，才能建立起夫妻间的信任。夫妻间要做到清晰的沟通，是非常复杂的事，它并不是夫妻口头上的信任就可以解决的。例如，一个丈夫向妻子表白“我爱你”，但是在日常生活中他却表现出自私、吝啬、烦躁，这种言行不一的举动，怎能使妻子信任他呢？在很多情况下，夫妻常常会用相异的行动来破坏口头上的承诺。例如，丈夫出差之前，答应给妻子买一件羊毛衫回来，但丈夫回来后，既没买羊毛衫，又没对妻子作任何解释。妻子自然不高兴，甚至怀疑丈夫是否真的爱自己，造成夫妻间的隔阂。其实，只要彼此以诚相待，就能彻底解除爱人对你的防卫系统和戒备心理，让你们之间的关系变得透明而更具吸引力。

用交流来建立彼此的信任，在不断的沟通中拉近双方的心灵，从而让爱情更加坚固而持久。

3. 注意细节，保持新鲜

婚姻是由一串串琐事构成的。如果你希望自己的家庭更幸福，就要注意做好每一件事。

现代社会是信息社会，资讯发达，生活节奏快，社会分工细，社会交际愈来愈频繁。在这样的时代，爱人之间希望在一个自给自足的小天地里长相厮守，形影相随，追求田园牧歌式的浪漫情调，已是痴人说梦。如何在有限的时空范围内，培养和巩固两个人的感情，主要看你是不是善于在细节之中捕捉机会，以增进与爱人之间的感情。

有一位女明星，虽然有许多仰慕者，可是她只对其中一位男士情有独钟。原来，每次约会结束，他送她上车，并不立刻就转身走掉，而是一直站在车旁等车子开走，直至车子逐渐看不到为止，他总是痴情地挥手。她本来并不知道，一次偶然的回头，才发现了痴痴挥手的他，那一刻的心灵震动，使他们的感情又深了一层。一个简单的动作，尚且能够深深打动爱人的心，那么，如果你细心体贴自己的爱人，在恰当的时机为爱人献上一份特殊的礼物，更会有意想不到的收获。

李强有一串非常珍爱的风铃，是他死去的母亲留下来陪伴他的。一次，风铃意外地被弄得粉碎，他相当的难过。事隔一年，就在风铃破碎的同一天，他的女友交给他一个小小的盒子，他打开之后，感动得差点掉下眼泪，那是一串与母亲留给他的一模一样的风铃。

现在，风铃和女友都“珍藏”在李强的家里了，她已经成了李强生命中的一部分。

平时多留心对方的话，假如你的爱人说自己的头发干燥，常常乱蓬蓬的，她也许只是说者无心，但你要“听者有意”，适时送她一瓶新出的润发露，那么，她会由衷地感到你的细心和体贴。

此外，爱人的生日、情人节、认识的纪念日，这些特殊的日子，你都要仔细记在心上，给对方创造一个惊喜，拉近你们心与心之间的距离。

细微之处的真情流露，有许许多多，比如说，随身携带纸巾，对方需要时，恰到好处地递给他一张；准备几个硬币，在对方打电话没有硬币时，默默地放在他的手心……无论是哪种，都无需夸张，只要让对方由衷地感受你的关爱，就能产生一种心灵上的震颤。

能够“想对方之所想，急对方之所急”，能够为你的爱人排忧解难，与对方的心灵互通声息，是最能够拉近彼此心灵的。

当你和爱人携手步入婚姻生活的时候，从前的新鲜感、新奇感已渐渐褪去，昔日的温馨与依恋也已经变得习以为常，在平凡中制造的浪漫、于细节中体现的真情则更会体现出它的珍贵。

你或许有过这样的体验，当你变换了一种发型，或者当你穿上一件线条优美、新颖大方的新衣服，你会觉得自己很美。而这时，你也希望从爱人的眼里读出一份欣喜与爱慕。

作为丈夫，如果你能给自己的妻子买上一件新潮服装，然后像恋爱时那样把衣服在她的身上比试，再夸奖一番，你和她一定都会感到情意绵绵。每天上班时，跟她道一声“晚上见”，那份平淡中的关心与盼望，相信能令你们这一天满怀喜悦。当你下班走进家门，看到她在等你，一天的疲惫会立时不知去向。这些举动，做起来并不难，这些小小的满足的心情，也很容易获得。所有这些，都能令人体会到婚姻生活中的浪漫。

生活伴侣同食同寝，日子长了渐渐形成规律，如果一直是按部就班，始终是一个节奏，情感就会因为缺乏变化而变得木然。适当来一点情感涟漪，离开原来的轨道，让情感像流水一样处于流动之中，既循着一定的河道，又不停地更新运动，就不会令情感凝固、冷却。短暂的别离就是一种很有效的方法。一方外出开会、学习或出公差，双方就都有了回味的时间，再相聚时，彼此都会发现对方变得更有魅力了。

同时，外出的一方出门在外，及时给爱人打电话，报平安、叙思念之情是很必要的。回来时带些小礼物，比如所到之处的特产等，会给爱人一份惊喜。一句安慰话、一声问候语、一段爱的表白，只要发自真心，不论短长，都会让爱人确信自己在对方心中的位置，心理上产生极大的安慰。

细心观察和利用生活中的每一个细节，在点点滴滴中增进你们的感情，会让你们的关系更牢靠。

芝加哥法官塞巴斯曾接触过4000个离婚案子，他成功调解过其中的2000件。他说：“琐屑的事是多数婚姻不快乐的根源。一件很简单的事，例如妻子在早晨丈夫出去工作的时候向丈夫招手说再见，就能避免许多离婚案件的发生。”

如果你能终日坐在那里听那些不快乐夫妇们的陈述，你就会知道，爱情的长久常取决于“小小的事”。

4. 两口子吵架不要太较真

在每天循环往复的生活中，夫妻之间偶尔发生冲突是在所难免的，因为夫与妻本来就是一对矛盾体。

既然有些架非吵不可，那么，该如何把冲突减小到最低程度呢?

夫妻吵架的平息，需要有一种克制、理性的态度，也需要有一个大度、宽容的胸怀，还要有一些解决冲突、走向和平的办法。人要有远大的眼光，要有洞察世界和人生的智慧。而当你的爱人发火时，用你的真诚来平息对方的怒火，就会化干戈为玉帛，重新体会到爱人的关怀。具体说来，至少要做到以下三点：

首先，要竭力使自己的情绪冷静下来，控制自己，冷静息怒。仔细地想想你们之间产生冲突的根本原因在哪里。是由于缺少沟通造成了双方的误解，还是两个人之间缺少起码的忍让和宽容，或者是你们中的一方的确做错了某些事？然而，无论是怎样的一种情况，都必须保持一颗清醒的头脑，如果一旦发生冲突就不顾一切地“针尖对麦芒”，用尖酸刻薄的语言去讥讽对方，那么，两个人都会受到很深的伤害，短时间内难以愈合感情的伤痛和心灵的创伤，到最后，只会落得个两败俱伤的下场。反之，如果能够冷静地面对争吵，压制怒火，再去以柔克刚，相信很快就会平息冲突，化解对方的气愤。当双方都冷静下来之后，耐心而诚恳地做一次心灵的沟通，不但能够化解矛盾，恢复感情，还能够加深彼此的理解，增进双方的感情。

其次，要宽忍为怀。当你受到爱人的“无礼”对待时，不要把弦绷得太紧，要以一种豁达宽容的态度暂且退避三舍，理智的让步不仅对自己有好处，还能避免激化双方的矛盾。

夫妻之间要“道义相砥，过失相规”。在道义上互相砥砺，在过失上相互规劝，不要抓住对方的错误不放。尽量主动打破僵局，不要把主动和对方说话看成是“屈服”。鲁迅先生和许广平是一对感情很好的夫妇，但有时闹了别扭，常是鲁迅先生叹一口气说：“唉，怪我这个人性情急躁，脾气不好。”许广平听了对他一笑说：“主要看在你曾经是我的老师的份上，否则，我真不答应呢！”于是，夫妻又和好如初。以宽容的态度主动承认自己的过失，既化解了双方的矛盾，又出乎了对方的意料，使对方也做出相应的热情回应。

适当的缄默和退让是平息冲突的良好策略，而恰当地转移话题也是化解矛盾的灵丹妙药。

当对方发火时，你可以转移他的注意力，善于运用幽默，用一些宽慰、诙谐、逗趣的话来缓和紧张的气氛，打破尴尬的局面，避免让矛盾升级。

最后，还要善于在适当的距离中避免发生冲突。爱人之间的争吵，或多或少都会伤害彼此的感情，甚至危及相互的爱情。如果善于在距离中保持爱的美感，就会减少对彼此的伤害，保持爱情的温度。

有位女青年，和一位才貌双全的男教师相爱了，他们有着共同的爱好和志向，常常在拜伦、马雅可夫斯基的诗行中一起“行走”，空闲的日子里，他们共同研读诗文，游览祖国的名山大川，到大自然中捕捉灵感，感情也随着日子的流逝而不断升温。然而有一天，她突然觉得他的诗缺乏开阔的意境，缺乏人情味，一道阴影射到她的心中。以后接触的日子里，她越发觉得他“心胸狭隘，不会关心人、体谅人”，心渐渐冷了下来，想到同他分手。这位男教师意识到了对方的变化，却没有急于表态，而是暂时离开了她，进藏去支援文教建设。

一年后他们见面，都发现对方更具有魅力，变得更完美了。他们重归于好，而且彼此爱得更炽热、更深沉。

正像莫洛亚说的，“夫妻间要适当的分离，以便给对方美化升华的机会”。爱人之间保持适当的距离，不但能够避免不快的发生，更能孕育蓬勃发展的爱情生机。

用适当的方法巧妙地化解爱情的冲突，以冷静的态度、宽广的胸襟对待爱人的怒火，用你的真情去感化对方的心灵，在距离中让你的爱情保鲜，才能让你的爱情生活更幸福。

家和万事兴，只要你用爱、用宽容化解矛盾，你们一定会心想事成，生活幸福。要知道，你和对方生活在一起不是为了吵架，而是为了幸福，就算吵架在所难免，也不能太较真，要想办法尽快把问题解决。

5. 婚姻的问题出在哪儿

当你的婚姻出现裂痕时，你是意气用事地大吵一顿，还是静下心来认真地思考一下“为何婚姻会出问题”？当你回答下面这些问题的时候，你大概会发现这些问题很值得一答。假如每个问题你的答案是“是”的话，一题就可得十分。

问丈夫的问题：

（1）你是否还在“追求”你的太太？如偶尔送她一束花，记得她的生日和结婚纪念日，或出乎她所预料给予体贴？

（2）你是否已经注意到不在他人面前批评她？

（3）除了家庭开支以外，你是否还会给她一些零花钱让她随意支配？

（4）你是否花精力去关心她各种女性方面的情绪问题，并帮助她度过疲倦、紧张和不安的时期？

（5）你是否至少留下你一半的娱乐时间跟你太太共度？

（6）除非能够显示她的长处，你是否机智地避免把你太太的烹调手艺和理家本领跟你母亲或其他人的太太相比较？

（7）对于她的内心生活、她的社交圈、她所看的书和她对地方行政的看法，你是否也有一定的兴趣？

（8）你是否能够让她和其他男人跳舞，并接受他们的友谊和照顾，而不至说些吃醋的话？

（9）你是否常常注意找机会夸奖她，不时表示出你对她的赞赏？

（10）关于她为你做的小事情，如缝纽扣、补袜子、洗衣服，你是否会说一声“谢谢”？

给妻子的问题：

（1）你是否让丈夫自主地处理公事，并避免批评他交往的人、他所选的秘书，或他所保留的自由时间？

（2）你是否尽力使家庭生活有品位和有吸引力？

（3）你是否经常改变口味，使他坐到桌上的时候还弄不明白将会吃什么？

（4）对于你丈夫的事业，你是否有必要了解，以便跟他做有意义的讨论？

（5）在家庭拮据的时候，你是否能勇敢地、愉快地面对这种情形，并不批评你丈夫的窘境，或把他跟其他成功的人做不利于他的对比？

（6）对于他的母亲或别的亲戚，你是否尽了最大的努力，以求和他们融洽相处？

（7）选择衣服时，你是否会留意他对颜色和样式上面的好恶？

（8）你是否愿意牺牲一点自己的意见？

（9）你是否尽力掌握丈夫所喜爱的娱乐方式，以便和他共享休闲的时光？

（10）你是否经常了解当前的新闻、新书和新技术，以便在智慧、兴趣方面不落后于你的丈夫？

如果你们得了160分以上，说明你们的婚姻还算美满；如果是120分，那就需要努力、加油了；如果低于120分，那你们就该坐下来好好谈谈了，想想怎么能让你们的婚姻生活更美满。

第五章
友谊：一生的快乐源泉

“久旱逢甘霖，他乡遇故知”是歌，是人生存于苍茫天地间，幸遇故知的喜悦之歌；“桃花潭水深千尺，不及汪伦送我情”是曲，是友人间执手相惜的真诚之曲。

友谊——在人的一生中跨越生死，比财富有过之而无不及。

一、君子之交淡如水

1. 经营自己的“朋友网”

凡是在社会上人际关系好的人，都有这样一个特点：他们几乎什么样的人都认识，他们人缘好，受欢迎，上头有人拉，下面有人推，大小事都有人捧场，什么事都有人帮忙。为什么会这样呢？因为他们在交际活动中，善于经营自己的朋友网，能做到全面撒网、八面玲珑。

（1）交际有目标，建立稳固的朋友关系

按中国传统心态来看，交际不应该有目标，应该“以情会友，别无所求”，应该奉行一种无为哲学。但是，聪明的人应懂得，在交往中要注重交往对象的特点，然后想方设法与他建立稳固的关系。

我们不妨设想，有这么一个人，他既不能与你信息共享、情感沟通，也不能与你相知相助，你会与他交朋友吗？恐怕不会。可见，人际交往还是有选择的，选择就是一种目标的体现。

建立“关系”可以用一个简单的公式来说明。首先，要认清目标，接着找有相同需求的人，最后与之联系，建立关系。也就是说：

目标+有相同需求的人＝关系

有人单靠直觉建立“关系”；有人则要努力不懈，才能拓展一点“关系”。前者往往难以预料结果如何；后者比较知晓建立关系的“天时地利”。

事实上，与外界保持某种程度的“关系”，消息才会灵通。懂得建立“关系”的人了解“团结力量大”的道理，最后，练成了八面玲珑的神功。

善于拓展“关系”的人，是标准的社交高手，不管是在宴会、洽谈公事或私人聚会上，总是会掌握时机。对这些“沟通大师”而言，人生就是一个大课堂——会议室、酒吧、街角、餐厅，甚至在澡堂里，处处都可以“增广见闻”。

（2）织就关系网，寻找对自己有帮助的人

成功学认为，喜欢别人，又能让别人喜欢的人，才是世界上最成功的人。成功的人大多喜欢广泛交际，形成了自己的一张“朋友网”。比如，你要某人推荐几个供你拜访的朋友，如果这个人是个失败的人，他只能好不容易才找到一两个人的地址和电话。成功的人就不同了，他们会推荐一大堆朋友，而且是在长长的名单上寻找，因为他们的名单上包括各式各样的朋友。由此，可以显示出成功者与失败者在交友方面的差别。

成功的人大多是有朋友网的人。这种网络由各种不同的朋友组成，有过去的知己，有近交的新朋；有男的，有女的；有前辈，有同辈或晚辈；有地位高的，有地位低的；有不同行业的，有不同特长的，也有不同地方的……这样的朋友网，才是一个比较全面的网络，也就是说，在你的朋友网中，应该有各式各样的朋友，他们能够从不同的角度为你提供不同的帮助。

朋友网既然被称做“网”，就应当具有网的特点。也就是说，在这面网上朋友的构成有点有面，分布均匀。不懂交际之道的人交友却不是这样，他们结交的范围十分狭窄，分布十分不均。只在自己熟悉的范围内认识一些人，而这些人的行业和特长又比较单一，这样就构不成一面标准的关系网了。

广泛与人交往是机遇的源泉。交往越广泛，遇到机会的概率就越高。

有许多机遇就是在与朋友的交往中出现的，有时甚至朋友的一句话、朋友的朋友的帮助、朋友的关心等等，都可能化作难得的机遇。在很多情况下，就是靠朋友的推荐、朋友提供的信息和其他多方面的帮助，人们才获得了难得的机遇。例如，某单位新来一位主要领导，需要配备秘书，在多人跃跃欲试、趋之若鹜的情况下，小许被选中了。原因就在于这位领导委托自己的一个下级单某为自己物色秘书，而单某和小许是同学和好朋友。单某自然清楚，小许肯定胜任秘书职位，于是就把这个同学推荐出来了。结果，领导本人满意，组织考察合格，正在为前程茫然奔波的小许更是欣喜若狂，因为他找到了自己适合的位置，能当上领导同志的秘书，是他的心愿，也是他成功的一个里程碑。这个里程碑的获得，关键因素是他有那么一个得到领导信任的同学。也许他想不到这个朋友会对他的成功起到至关重要的作用，也许他们之间彼此进行交往的时候，没想到这种交往给了一个人成功的机遇。因此，从这个意义上说，交往广泛，机遇就多。

聪明人不应当过于急功近利，有许多机遇是在交往中实现的，而在初步交往中，人们很可能没有看到这种机遇，在这个时候，不要因为没有看到交往的价值，就漠视这种交往。

每一个伟大的成功者背后都有另外的成功者。没有人是自己一个人达到事业的顶峰的，一旦你许诺要成为出类拔萃的人，你就可以开始吸收大量对你有帮助的人和资源了。而其他各方面有所建树的人是你所有资源中最大的资源，你要做的就是找到他们，构建有助于你的事业的“关系网”。

实际上，你的“关系网”远比你意识到的要广大得多。你实际拥有的网络延伸到了你每天都有联系的人之外，更多的联系包括你与之共同工作和曾经一同工作过的人们、以前的同学和校友、朋友、你整个大家庭的成员、你参加研讨会或其他会议时遇到的人，这些人都会是你的网络成员。你的网络成员还包括那些你在网络中认识的人，以及与他们有联系的人。

美国有句谚语说得好，“每个人距总统只有六个人的距离”。你认识一些人，他们又认识一些人，而这些人又认识另外的一些人……这种连锁反应一直延续到总统的椭圆形办公室。而且，如果你仅仅距总统六个人的距离，那么你距你想会见的任何人也就只有六个人的距离，不管他是一家公司的总经理，还是你想让其加入你的团队支持你的名人。

将你所有的“关系”列出来，想想你认识并有业务联系的每一个人，设计一个计划，以最有效地利用你的这些“关系”。

（3）拓展交际圈，播种“关系”的种子

在生活中，志趣相同的人毕竟不多，如果我们只与这些少数人来往，那么我们结交朋友的范围一定十分有限，只能是控制在一个极小的圈子里，不能够向外拓展，这不是聪明人所持有的交际态度。其实，与各式各样的朋友交往，对我们自己非常有好处，就像我们总吃一样东西，只吃我们爱吃的东西，有很多好东西我们都没有食用，就会导致营养不良。朋友也是一样，只与自己个性相同的人往来，我们的交往范围就会受到局限，从而会束缚自己的发展。

每个人都有各自的性格特点，如果我们要结交更多的朋友，就要与不同性格的人交往。“横看成岭侧成峰，远近高低各不同”，对于性格不同的人，我们要从不同的角度去看，这样我们看待问题就比较客观，才不会以主观的意志去盲目地衡量人、判断人。

因为与他们相处，不但可以拓展我们的社交圈，而且还可以在他们身上学到自己不具备的东西，通过与他们交往，使我们了解的东西越来越多，知识越来越丰富，信息越来越广，看待问题也越来越深刻。总之，与不同性格的人交往，会使我们受益匪浅。

俗话说：“多一个朋友多一条路。”在生活中，谁都难免会遇到困难，如果没有朋友的帮忙，会使自己孤立无援，无法渡过难关。一个人，平时就要注意结交朋友，如果在遇到困难时才想起让别人伸出援助之手，就会为时已晚。所以我们要想得到别人的帮助，就要平时为自己攒下这个资本，做好铺垫，打下坚实的基础。

在一个人陷入困境时，最需要的是别人的关心与帮助，哪怕只是一句关心的话语，一声亲切的问候，一个小小的帮助，对于他来说也是一个极大的安慰，使他心中充满温暖和希望，并有勇气与信心战胜一时的饥饿与困苦，走出困境，努力干出一番事业。在他人最需要帮助的时候，如果你挺身而出拔刀相助，他会非常感激你的，如果日后你遇到困难，他决不会袖手旁观，同样也会帮你渡过难关，走出人生的低谷。

2. 敞开心扉给人看

要想得到知己，首先得敞开自己的心怀。要讲真话、实话，不遮遮掩掩、吞吞吐吐，以你的坦率换得朋友的赤诚和爱戴。

有一个英国作家，名叫哈尔顿，他为编写一本《英国科学家的性格和修养》的书，采访了达尔文。达尔文的坦率是尽人皆知的，为此，哈尔顿不客气地直接问达尔文："您的主要缺点是什么？"达尔文答："不懂数学和新的语言，缺乏观察力，不善于合乎逻辑地思维。"哈尔顿又问："您的治学态度是什么？"达尔文又答："很用功，但没有掌握学习方法。"听到这些话，谁不为达尔文的坦率与真诚鼓掌呢？按说，像达尔文这样蜚声全球的大科学家，在回答作家提出的问题时，说几句不痛不痒的话，甚至为自己的声望再添几圈光环，又有谁会产生异议呢？但达尔文不是这样。一是一，二是二，他甚至把自己的缺点毫不掩饰地袒露在人们面前，这样高尚的品德，换来的必是真挚的信赖和尊敬。朋友的交往亦是这样。你敢于说真话、说实话，朋友为你的诚实所感动，便会喜欢你，他给你的回报，也将是说真话、说实话。

在我国古代，交朋友都强调一个"信"字。"信"者，真诚也。"信"，在封建社会被视为五常之一，是人的一种美德。过去小孩子的启蒙读物《幼学琼林》中，就有专门讲交友的章节，并有种种概括："尔我同心曰金兰，朋友相资曰丽泽"，"心志相孚为莫逆，老幼相交曰忘年”，这里说的都是友情的深厚，而深厚的友情其源泉便是真诚待人。

人与人的情感交流具有互异性。融洽的感情是心的交流。肝胆相照，赤诚相见，才会心心相印。心理学家曾就“喜欢与吸引”这一专题，列出550个描写人的形容词，让学生们指出在多大程度上喜欢一个有上述特点的人。结果，在8个评价最高的形容词中，有6个词是真诚的、诚实的、忠实的、真实的、信得过的和可靠的，这6个词都和真诚有关；而评价最低的形容词是说谎、装假与不老实。岁月的流逝，时代的变迁，并没有减弱“真诚”在友谊宫殿中的光泽；相反，由于社会的进步，人们给“真诚”又增添了熠熠光彩。

离开了真诚，则无友谊可言。一个真诚的人的心声，才能唤起一大群真诚的人的共鸣。“投之以木桃，报之以琼瑶。”真诚，应该成为我们生活中的永久伴侣。

3. 和批评你的人交朋友

人的一生受到朋友的影响是相当大的，很多人因为朋友而成功，也有很多人因为朋友而失败，甚至因为朋友而倾家荡产，妻离子散。

害怕因为朋友而失败，那不交朋友总可以吧?

事情并不是那么简单，因为没有朋友，也就差不多无路可走，寂寞一生了。即使你闭紧心扉，还是会有人来用力敲。当有人来敲你的心扉时，你应还是不应?应的话，可能那是个坏朋友，不应的话，可能失去一个好的朋友。

因此，你总是要面对“交朋友”这个问题的。交到好的朋友，你可能会受益一生，得到无限的乐趣，至少不会受到伤害；而若交到坏的朋友，想不走入歧途、不倒霉是很难的。

人有很多种，在对待朋友的态度上也有很多种类型，有每天说好话给你听的，有看到你不对就批评、指责你的；有热情如火、喜欢奉献的，也有冷漠如冰，只考虑个人利益的；有憨厚的，也有狡诈使坏的……这么多类型的朋友，好坏很难分辨，因此平时的交往经验极为重要。

不过有一种类型的朋友肯定是值得交往的，那就是敢于批评、指责你的朋友。

和只会说好话的朋友比起来，那些只知道批评、指责你的朋友是令人讨厌的，因为他说的都是你不喜欢听的话，你自认为得意的事向他说，他偏偏泼你冷水，你满腹的理想、计划对他说，他却毫不留情地指出其中的问题，有时甚至不分青红皂白地就把你做人做事的缺点数说一通……反正，从他嘴里听不到一句好话，这种人要不让人讨厌也真难。

但是这种朋友，如果你放弃，那就太可惜了。

在社会做过事的人都会尽量不得罪人，因此多半是宁可说好听的话让人高兴，也不说难听的话让人讨厌。说好听的话的人不一定都是“坏人”，但如果站在朋友的立场，只说好听的话，就失去了做朋友的义务了；明明知道你有缺点而不去说，这算是什么朋友呢？如果还进一步“赞扬”你的缺点，则更是别有居心了。这种朋友就算不害你，对你也没有任何好处，大可不必浪费时间和这样的人交往。

但实际上的情形如何呢？很多人碰到光说好话的朋友便乐陶陶，不辨是非了。其实他们顺着你的意思说话，让你高兴，为的就是你的资源——你的可以利用的价值，很多人被朋友拖累就是这个原因。

比较起来，那些让你讨厌，光说难听的话的朋友就真实得多了。这种人绝对无求于你（不挨你骂，不失去你这个朋友就很不错了），他的出发点是为你好，这种朋友是你真正的朋友。

一般父母碰到子女有什么不对，总是责之、骂之，子女有什么“雄心壮志”，也总是想办法替他踩踩刹车，不让他脱缰而去。为的是什么？是为子女好，怕子女受到伤害，遭到失败。这是为人父母的至情，只有父母才会这么做。朋友的心情也是如此，否则他为何要惹你讨厌？说些好听的话，你说不定还会给他许多好处呢。

只有经常批评、指责你的人才是你人生的挚友。

4. 知己可遇不可求

翻翻中国古人的言论：“同师为朋，同志为友。”在中国古人的理解里，朋和友是有区别的，“朋”是功利意义上的交往人群，“友”是心灵意义上的交往人群。古人把朋友这两种圈子的区别统属划分得清清楚楚。在世俗功利意义上的门生、老师、同年、本家等等称谓造就了一个纷繁复杂的人际关系网络。

在情感映射的中国文化里，最为出名的是那一段“高山流水”的人文雅韵：俞伯牙琴技冠绝天下，惜乎知音难寻，旅居途中郁郁难解，于荒郊抚琴自遣。弹着弹着，忽然琴弦断了。俞伯牙知道是有知音在旁边听琴，出言邀请知音，原来是一个名叫钟子期的人。俞伯牙弹了一段曲子请他评点，钟子期赞叹道：“善哉！巍巍乎志在高山！”再弹一段，钟又评点道：“善哉！洋洋乎志在流水！”俞伯牙大为惊讶！详谈良久，引为生平知己。当时俞伯牙有事在身，于是执手暂别。等到办完事再依照钟氏的先前指引寻到他所居之地，没料想钟子期已死。俞伯牙到坟地痛哭一场，弹琴一曲，然后将琴摔碎，立誓知音既逝从此终身不复弹琴。这段知音相交的故事真是荡气回肠、令人嗟叹不已！它所体现的人与人之间的那种真诚以待、倾情以对、生死与共的交往总是令我们感叹而且羡慕，似乎从对比中我们更能够反省自身在交友中的那种巨大的感情缺陷。可是，难道这种人与人之间的真诚相待只能存在于古人的故事和我们的想象中吗？难道现代的人与人之间只存留着深不可测的鸿沟吗？

不是的。我们本可以做得更好！

在现代社会中，其实我们根本不缺少知心朋友，有那么多的人总是在寻求无话不谈的朋友，有那么多的人总是在慨叹生命缺少心灵的驿站！假如让这些人一起互相交流，互相之间寻求精神的契合，也许他们会依旧三缄其口，最终仍旧在慨叹缺少生命的抚慰呢！我们被功利世界夺去了太多的情感与信任，于是朋友往往只是互相帮助、互相利用的工具。于是，互相隔离、互不干涉现实生活的网友笔友才成为时尚，似乎只有在空间拉扯成的距离下，人才可以坦诚地以心灵来互相面对。这真是现代人莫大的悲哀!

若你是个不擅与人交谈的人，就好好利用文字打开对方的心吧！不需要词藻华丽，技巧洗练，只需诚心诚意表达与对方沟通的内容。面对面的直接接触常让人紧张，仓促之间往往不能将最重要的事情完全表达出来，文字的沟通则可用最空裕的时间舒畅地表现。

在现代社会里，的确有很多人希望得到立竿见影的效果，否则便不愿付出。此种以利益计算为先的人际关系，是不堪一击的。商业上的竞争往来原本是功利且锱铢必较的，若把它应用在人与人之间的交往上则是很偏颇的做法。

如此看来，构成不会让人厌倦的魅力个性，除了先天的个性优点外，还需努力对自己的个性加以修正，只有如此，才能更鲜明地展现自己。

真正懂得交往之道的人，是在自己能力范围之内尽量“给予”的。他会考虑到对方的立场、需要，奉献一己之力帮助对方，并沉醉于此种喜悦当中，他不曾想到自己会得到什么好处，完全是一种发自内心的诚意。而受到此种不求回报好意的人，只要稍稍有心，决不会毫无回礼的，也会在能力所及的情形下与其合作。透过此种交流，彼此关系自会愈来愈亲密，终至成为真正的朋友。

5. 别让钱财问题横在朋友之间

所谓朋友，不但在政治上有共同的理想，在事业上有共同的追求，在生活中有基本一致的趣味，而且在经济上也应该互相帮助。朋友之间，礼尚往来，互赠一些物品，或者在适当的时候在一起吃饭喝酒等，也是情理之中的事。但是，如果有人认为“因为是好朋友，在经济上就可以不分你我”，那就错了。

友谊的基础是兴趣爱好上的一致和事业理想上的共同追求。经济上的互助是友谊的派生物。俗话说得好，“交义不交财，交财两不来；要想朋友好，银钱少打扰”。把友谊建立在金钱的基础上，就好比把大楼修在沙滩上，这种友谊是不牢靠的；而且认真说来，这样的友谊不是真友谊，而是假友谊。如果在朋友交往中，在经济上长期不分你我，有饭大家吃，有钱大家花，那么，必然带来许多恶果。

首先，会使友谊变质，使纯洁的友谊蒙上拜金主义和物质至上主义的灰尘。天长日久，就可能使朋友之间的平等关系变成经济上的依附关系。其次，由于物质至上主义的侵入，朋友之间平等的关系还会被金钱交换关系所代替。这时，被金钱腐蚀了的“友谊”就可能变成掩盖错误甚至包庇违法犯罪行为的“保护伞”；经济上的不分你我，就会演变成不讲原则，不分是非。而因为受金钱腐蚀，“以财交友，财尽则交绝”，最终会使友谊不复存在。

但是朋友之间，免不了要牵涉到经济问题。

比如，请客吃饭。这是一个礼尚往来的事情，朋友之间为了增进友谊，加深了解，一起吃吃饭、娱乐娱乐都是很正常的。这种情况下，一定要表现得大方一点，因为没有人愿意同小气的朋友来往，你算计我，我算计你，这种友谊是长久不了的。当然，现在都很时兴AA制，一副亲兄弟明算账的架势。但要注意的是，有些人不喜欢AA制，觉得这样疏远了感情，那么就要事先沟通好，获得大家的一致认可（至少是绝大多数人的认可）后才能实行。

再比如，婚丧嫁娶。这是具有中国特色的人情礼。遇到红白喜事，作为朋友、亲戚、同事，都要表表心意，尤其是朋友，随着关系的远近还轻重有别。所以，朋友之间既然免不了这个“俗”，就一定要把握好这个“度”。首先是不能超出自己的经济承受水平，量入为出；其次要考虑到对方的经济条件，因为中国人都知道这些人情礼都是要“还”的，千万不要因为送礼让自己和朋友背上了包袱，那样对友谊也是一种伤害。

还有，借钱。这个问题向来是很敏感的。朋友之间，往往是一方不好意思开口，另一方不好意思拒绝。处理这个问题，作为借钱的一方，开口前要想到，能否想出别的办法，如向银行贷款；对方的实力如何，借钱给自己是否有难处；自己的偿还能力怎么样，可以向对方承诺多长时间内一定还清（承诺了就一定要兑现，否则就没有下次的机会了）。而借钱出去的朋友，一旦朋友开了口，碍于面子又不好拒绝，而除非真的是大款，否则借钱给别人还真是比较为难。那么，借给朋友钱的时候就应该想好了：首先这个朋友是不是有信用，再好的朋友也应该有道德约束，品质不好的人本身就不值得你为借不借钱给他而发愁；然后是自己的实力，是否真有这样一笔闲钱，还是要从自己的开支中省出，如果是省出来的钱借给别人，就要问问自己值不值得；还要考虑家人的感受；考虑对方的还钱能力是无可厚非的，自己辛辛苦苦挣来的钱当然要花在刀刃上。

如此说来，朋友之间，如何正确对待和处理经济上的关系呢？

应该肯定，朋友之间经济上的帮助是应该的，也是无私的，不希图对方报偿的。但这只是事情的一个方面，另一方面，应该明白，帮助从来是互相的，即使被帮助的一方无力对等地给朋友以相应的帮助，但也要心中有数，记住“来而不往非礼也”的古训，当有机会对朋友的帮助进行报答时，一定要及时报答，使这种物质上的来往大体上保持平衡。当在朋友之间已经和正在产生较大的经济利益关系时，则不要忘记“好朋友还须清算账”，采取适当的方法，互相尊重对方的权益，商妥处理相互经济利益关系的原则和方法，把权利、义务关系弄清楚。这样做，看来无情，实则有义，“买是买，送是送”，可以避免许多无益而有害的纠纷，使友谊更加牢固。

二、从友情中体味温馨

1. 友谊是人生的重要财富

友谊是人生的重要财富，在人的一生中，友谊可以说是无价的，不是金钱所能买得到的。

无论你多么忙碌，你都应该抽出时间想一想——想想自己，想想你的友情。你必须真诚地对待你的朋友，实践作为友谊核心的诺言，弥补友谊中那些往往具有破坏性的裂痕。

你必须抽出时间设法使你的朋友高兴，想出一些体贴的办法让他们知道你在为他们着想，让他们知道你在关心他们身边发生的事情，让他们知道你希望他们生活得快乐。

但是，友谊并不只是为别人做些事情就唾手可得的，它含有欣赏和愉悦对方的意思，不仅仅是不求回报地帮人一个忙使对方高兴。共享的感觉，就是一种回报。

此外，你也要抽出时间改善你对自己的友谊而体谅你的缺陷，宽恕你的过失，多看你成功的一面。

你必须为你最重要的朋友——你自己而努力。你必须努力了解痛苦与甜美之间的差距，以便掌握你的真实而又积极的自我意象。

重复一遍：如果你想做他人的知心朋友，你必须先成为自己的知心朋友。

不会再有别的办法，其他一切都是肤浅的。看看自己，你看到的是什么？是傲慢、恼怒、恐惧、紧张、无能、判断错误吗？

当然，你是一个人，决不可老是戴着眼罩生活。不过，你看到自己的特长了吗？看到你自己的朋友的明晰思想，自信、仁慈、谦逊和勇敢了吗？

你要做自己的朋友，友好地对待自己。

你要看重自己，珍视你的人生价值。只要你活一天，就应该在这一天里把这种健康意识带给你的自我意象。

你要像你在需要时伸手到衣袋里取钱一样地深入你的意识中，取出你的内在财富——你成功的自我意象。你的自我意象比金钱更重要，比金钱更有价值。

等你成为自己的朋友之后，你就可以成为别人的朋友了。

你可以体验只有施予的乐趣，施予自己以及你所爱的人——你的朋友。

2. 友谊需要无私和胆量

交朋友非得有相当大的勇气不可。虽然这句话往往不被人们所理解，但却是真实的。

一般情况下，对于勇气一词的解释，是指在危及生命的紧急关头下采取行动的气魄。

我们通常认为攀越崇山峻岭或穿越沙漠荒地的人有勇气——或勇敢；认为跃进火场将儿童抢救出来的消防队员有勇气；认为追捕携带武器的罪犯的警察有勇气；认为冒着枪林弹雨跳出战壕，去援救受伤战友的战士有勇气。这些都是表现勇气的行为，其中不乏为了社会利益而采取的行动。他们是文明世界中的英雄，是文明生活的积极维护者，因为他们能在危险的时候挺身而出。

但是，勇气不一定非得在明显的危险中才能表现出来。在每天的24小时中，出现重大危险的时刻毕竟不多，但我们可在日常种种隐藏着的小小危机中表现出勇气。

要使友情成为手足之情，需要真正的勇气才能做到。以自我控制的心情去面对日常生活，便是勇气的一种表现。不因为一个人的肤色或鼻子的大小而诋毁他，不因为一个人在跟你辩论的时候比你显得更得人心而怨恨他，便是勇气的一种表现。能在你的自大在伤害到别的自尊之前使之收敛，便是勇气的表现。能驾驭难以驾驭的贪欲、欺诈、不义、自负、恶意和轻视他人的行为，能够不找他人的错误来掩饰自己的不当，这都是勇气的表现。

友谊意味着你必须勇敢地走向你的朋友，而不是像我们在消极生活中所说的那样回避他们。友谊意味着不能对朋友漠不关心。你不仅要为自己的利益冲锋陷阵，同时也得为朋友的利益全力以赴。只有勇敢的人才能够建立这种患难与共的关系。

把你的能力传达给你不幸的朋友吧，以你的友情助他们一臂之力吧！勇敢地面对人生，走向你的朋友，尽管这也许要遇到重重困难，难免受到挫折和失败。你要坚强起来，以平等的精神施惠于他人。你要勇敢果断，才能克服你的消极情绪，不然的话，你不仅不能做别人的朋友，而且也不能做你自己的朋友了。

友谊是发掘你和他人的善行的一种令人振奋的旅程，它是一种必须坚持不懈地追求的目标，是你自己和别人的一种永无止境的追求，你要把它当成全天候的工作。

3. 宽以待人

找到个人利益和他人利益的契合点，这样可以有效地避免个人利益与公众利益的冲突，可以使自己与多数人站在一个立场上。心中有他人，他人也就悦纳了你。给别人一些关爱，纵使是一些微不足道的话，对那些忧郁、无助的心灵都会是一缕明媚的阳光，或许其荒芜的心田从此就衍生出一片勃勃绿意。宽以待人，其实是一种风骨和一种品位。

在这个世界里，我们各自走着自己的生命之路，熙熙攘攘的人流，难免有碰撞。即便是最和善的人也难免有时要伤别人的心。一个朋友背叛了我们，父母辱骂了我们或兄弟离开了我们，都伤害了我们的心。或许是在很久以前，某个人伤害了你的感情，而你又很难忘记这件事。你不该继续下去，因为它会深深地印在你的记忆中，在那继续伤害你的心。

有位哲学家讲过，堵住痛苦的回忆激流的唯一方法就是原谅。但对普通人来说，原谅别人不是一件容易的事情，一般人看来原谅伤害者几乎不含自然法则。我们的是非观告诉我们，人们必须承担他所做事情的后果。但是原谅则能带来治疗内心创伤的奇迹，可以使朋友之间相互谅解。

当人们受到不公平的待遇或心灵创伤之后，自然对伤害者产生不同程度的怨恨情绪。怨恨是一种被动的和侵袭性的东西，它像一个恶化的不断长大的肿瘤，它使我们忘却欢笑，损害健康。怨恨更多地危害了怨恨者自己，使他拒绝了美好的生活。因此，为了我们自己的缘故，必须割除这个肿瘤。下面是帮助你原谅别人的过错的几种方法：

（1）放弃怨恨。没有人愿意承认他恨别人，这种藏在心底的怨恨却常常在平静的表面下奔流，损伤了我们的感情。承认怨恨，就等于强迫我们对灵魂施行手术以求早日痊愈，即做出原谅的决定。我们必须承认所发生的一切事情，面对另外一个人直接地说：“他伤害了我。”

丽兹是加利福尼亚大学的一名副教授，她是一个很称职的老师。系主任答应替她向教务长请求提升她。然而，在他向教务长提交的报告中却严厉地批评了丽兹的工作表现，以致教务长对她说：“走吧，你还是另谋职业去吧。”丽兹恨透了系主任对她的诋毁。但她还要从他那里得到一张推荐函，以便另找工作。当系主任对她说：“真抱歉，尽管我在教务长面前为你说了许多好话，但仍然不能使教务长提升你。”她假装相信他的话，但她难以忍受这口气。一天，丽兹直接和系主任吐露了不满，而他却断然否认了这件事。这使丽兹认清他是多么卑微的人。于是丽兹感到不值得和他生气，并最后决定把这桩事情抛在一边。

（2）将错事和做错事的人区分开。人们往往把人的错误与人自身打上等号，从而混淆了自己的视线。其实，错误的事情和做错事的人是不同的。我们常说，他犯了一个错误，但不是说他就是一个错误。要区分这一点，首先要重新审视这个人，他的优点，他的缺点，以及他做事所处的环境。

（3）让过去的事情过去吧。格洛斯是一名出色的田径运动员，几年前在一次车祸中成了残疾。为此，他那美貌的妻子离开了他。他只好沉湎于对美好的往事回忆之中，面对未来，他只有愤恨。但最终他还是原谅了她。他说，如果我只是终日沉湎于对她的旧日情爱的回忆之中，整天只是怨恨她的冷酷，那么我只有终日流泪伤悲，对我的身体有害无益。让过去的事情过去吧，我需要的是获得未来的幸福。

原谅别人不是软弱的表现，而是大度的象征。

三、把握好交友的分寸和尺度

1. 保持距离，亲密有度

生活中，经常会有这样的事发生，一些好得不得了的朋友，最终还是散了，有的缘尽情了，有的则不欢而散。

虽然朋友失去了还可以再交，但新的朋友未必比老朋友好，失去友情更是人生的一种损失。为了避免失去朋友，不让多年的友情随风而散，有一个交友的原则值得考虑——好朋友也要保持距离！

这话似乎有些矛盾，既然是好朋友，那为何还要保持距离？这样不就彼此疏远、缺乏诚意了吗？而现实中很多人友情消散，问题就恰恰出在这种形影不离上。

人为什么会有“一见如故”、“相见恨晚”之感，就是因为被彼此的气质互相吸引，一下子就越过鸿沟而成为好朋友，这个现象无论是在同性还是异性之间都一样。但两个人不管相互之间的吸引力有多大，他们毕竟是两个不同的个体，彼此所处环境不同，所受教育不同，因此人生观、价值观再怎么接近，也不可能完全相同，如果没有差异那就是两个同一体，就不存在彼此之间的吸引力了。正如一对处于“蜜月期”的新婚男女一样，当两人的蜜月期一过，便不可避免地触碰彼此的差异和缺点，并且这种差异表现得越来越多。结婚之前，他们一直在求同，眼里看到的总是对方的优点，而经过一个阶段后，求同的动力变小，差异就显露出来。于是从尊重对方开始变成容忍对方，直至最后要求对方，而当要求不能如愿，便开始挑剔、批评，然后人离情散。

密友之间交往的艺术与夫妻之间相处的艺术有共同之处，所以，如果你有了自己的“好朋友”，与其因为太接近而彼此伤害，不如适度保持距离，以免碰撞，而且还能增进对方的感情。

所谓“保持距离”，简单地说，就是不要过于亲密，一天到晚形影不离。也就是说，心灵应贴近，但形体应该保持距离。

“保持距离”能使双方产生一种“礼”，有了这种“礼”，就会相互尊重，避免碰撞而产生矛盾。但运用这一技巧时，一定要注意一个“度”，如果距离过大，就会使双方疏远。尤其是现代社会，大家都在为自己的事业奔波，实在挤不出时间，这样很容易忘了对方，因此一对好朋友也要经常打个电话，了解对方的近况，偶尔碰面吃吃饭，聊一聊，否则就会从好朋友变成一般的朋友，最后变成只是熟人罢了，两人的友情等级会逐渐递减！

与同事相处也是如此，太远了人家会认为你不合群、孤僻、不易交往，太近了也不好，让别人说闲话，而且也容易令上司误解，认定你是在搞小圈子。所以说，若即若离、不远不近的同事关系，才是最难得和最理想的。

2. 学会拒绝

拒绝朋友可能很难开口，但要清楚对方提出的要求是否合理，如果不合理，你则不能碍于情面，要明确干脆地拒绝。只要拒绝得有道理，谁也没有理由指责你。而如果自己答应的事情却做不到，便会让人反感。

我们在拒绝朋友时要讲究技巧，要让对方较易接受。

以下是拒绝朋友时几个需要注意的方面：

（1）间接拒绝。能直截了当地说“不”当然是再好不过了，可是话到嘴边却很难开口，担心这样做会使对方感到难堪，甚至会伤害彼此的感情，从而失去了朋友。如果我们拒绝朋友时，从对方的立场出发，阐明自己的观点，就会使对方自然而然地接受拒绝了。比如你的朋友约你去游泳而你当时不想去，你可以对他说："你看你的感冒刚刚好，身体挺虚的，游泳对你身体不好，等以后再说吧！"他听了你的话，一定十分高兴，当然不会再提去游泳的事了。

（2）变向说"不"。当朋友向你提出某种要求时，不必正面拒绝，而是巧妙地把对方的话题引向别处，使对方不自觉地淡忘原来的要求，从而达到你的目的。这种转移话题的方式，十分奏效。

（3）以礼相待。拒绝朋友时，也要有礼貌。任何人都不愿意接受他人的拒绝，因为那会使人感到失望和痛苦。因此在拒绝朋友时，要表现出你的歉意，多给朋友以安慰，多说几个"对不起"、"请原谅"、"不好意思"、"您别生气"之类的话。一个懂得拒绝的人，对人都会以礼相待。

（4）语气缓和。拒绝的话，没有人愿意听，但又不能不说。不同的说话语气，产生的效果截然不同。比如"对不起"三个字，如果你用谦恭的语气说出来，别人听了心里就舒服；若是用生硬、冷淡的语气表达出来，会使人反感、不痛快，无法接受，不仅达不到预期的效果，而且还有可能影响到彼此的感情，引发不必要的矛盾与冲突。所以，在拒绝朋友时，尽量不要用粗暴生硬的语气，应该用和缓的语气把拒绝的理由表达出来，对方考虑到你的难处，通常会接受你的拒绝的。

3. 识别假仁假义之徒

朋友有时会成为你最危险的敌人，在你以其为友、放松戒备的时候，对方却已经早早为你设下了欺骗的圈套。

帮你租门面的朋友也许在当过手钱的房东；借你资金的朋友也许要收你高利贷；帮你介绍生意的朋友也许要狠狠杀你一笔回扣……当然，并非所有的朋友都是假仁假义之徒，只要你细心观察，仔细体会，就能剔除朋友中的"假冒伪劣产品"，找到你真正的朋友。

四、交友勿入雷区

1. 忌暗箭伤人

（1）两个理由足以阻止你暗箭伤人

第一，那些话听起来很可怕，而且让人对你的印象不好。在背后暗箭伤人，除了透露出说话者本身好批评的特质，并不能显示出他所谈论的人有何真实面目。

第二，在背后说别人的坏话除了会让你看起来心肠恶毒、像个坏人之外，最重要的是还会替你惹来许多麻烦，造成压力，使你产生不好的情绪。你或许可以暂时一吐胸中郁闷，但接下来的几天，甚至更久，你都得提心吊胆地过日子。

（2）暗箭伤人也会制造焦虑

说别人坏话的人，在说话时会尽量压低声音，因为他不想让人听见。如果他用带着敬意的口吻，说些别人的好话，岂不比较容易，也轻松得多？当你这么做，你不会担心别人听到你说的话，也不用怕别人将你说的话传出去——甚至希望传到那个你正在夸奖的人耳中。

另外，如果你在别人背后说闲话，听你说话的人会对你失去敬意与信任感。记住，你的谈话对象大多数是朋友或同事。而你必须要明白，即使他们对你说的话表示出兴趣，即便他们也说了些坏话，但他们心里还是会认为你是个喜欢暗箭伤人的人。他们一定会问自己："如果他有机会，会不会在别人背后说我的坏话呢？"他们肯定知道答案，那就是"一定会说"。

2. 忌轻易得罪人

社会是由不同的人组成的，人活在社会上，不管日常生活、上班，还是经营自己的事业，都会和别人产生一种互动关系。换句话说，人是靠彼此互助才得以生存的，即便是流落荒岛的鲁宾逊也都要有一位名叫"星期五"的伙伴，更何况身处这一竞争激烈、人际往来频繁的我们？因此，"得罪人"是一种缩小自己生存空间的行为。

我们之所以不能轻易得罪人，至少有以下几个理由：

（1）得罪同行，就为自己堵住了一条路。当然，你也许会想，还不至于得罪了几个人就无法生存下去吧。但你要知道，世界虽然很大，但有时就是显得很小，连走在路上都会仇人相见，更何况同行？同行有同行的交往圈子，彼此碰面的机会更大，得罪同行，那多尴尬！而且多么不利！本来你可以和他合作获利，却因得罪他而失去机会，这多可惜！

（2）得罪一个小人，就为自己埋下一颗不定时的炸弹。得罪君子了不起大家不讲话，各干各的；但要是得罪小人可就没完没了了。他不采取报复行为，也要在背后对你造谣中伤，你有理也会变成无理，多不值得！

这里之所以强调"不轻易"得罪人，当然也是有道理的。当事有不可忍时，当正义公理不能伸张时，还是要有雷霆之怒的，否则就是非不分、黑白不明了。这种雷霆之怒有时会得罪人，固然有可能为自己堵住一条去路，但也有可能开出更多的康庄大道。

所以，当你感到自己的利益被侵害或得不到他人的尊重时，请勿轻易动怒。此外，也切记不要气焰嚣张、盛气凌人，这种只有自己而没有别人的态度也很容易得罪人，而且常不自知。

最重要的一点是，得罪人会变成一种习惯，老是压不下怒气，改不了个性，便会说“反正我就是这样”，那就条条是路，条条不通了。

俗话说，多一个朋友多一条道。反过来说，多得罪一个人就少一条路！

3. 忌抱怨他人

现代人都生活在一种很大的压力之中，有些时候，遇到不顺心的事，抱怨一下，好像能得到一种缓解，并且有益于身体健康。但每回都抱怨，便让人不耐烦了。

一般的抱怨有三种：一种是工作上的抱怨，如抱怨上司不公平、待遇不佳、工作太多、同事不合作等等；另一种是生活上的抱怨，如抱怨物价太高、小孩不乖、身体不好等等；还有一种是对社会的抱怨，总是愤世嫉俗，对不公平之事极度不满。

人都有一股正义与刚毅之气，有一种自尊之需，因此难免不对周围的不平之事发泄自己心中的情绪，但你也要明白下面的道理：

（1）别人没有听你抱怨的义务，你的抱怨如果与听者毫无关系，会让对方不耐烦，如果你经常抱怨，下次他看见你便会躲得远远的。

（2）如果你抱怨的都是一些很小的事情，而且天天抱怨，那就会给人一种“无能之辈”的印象。一个能干之人如果因为爱抱怨而被人当做“无能”，那不是很冤枉吗？

（3）如果你时常抱怨别人，那么你会被认为是个不合群、人际关系有问题的人，否则为什么别人不抱怨？

（4）对工作的抱怨如果言过其实或无中生有，那么不仅听的人不同情你，反而会抵制你，连上司也会对你表示反感。

（5）抱怨也会使自己的情绪恶化，看什么都不顺眼，使自己陷入一种无法释怀的情境之中。

（6）经常抱怨也会变成一种习惯，遇到压力或不如意之事，便先抱怨一番，这是最可怕的事。

（7）抱怨也会影响其他人的情绪，让不明真相的人心理产生波动，这会破坏工作场所的气氛，而这种行为也必将受到指责。

因此，抱怨绝不是好事，它不会带来多少正面的效应。与其整日抱怨，不如想办法解决问题。非抱怨不可，则找好朋友说一说即可，但也不能时常为之。至于上班族，若真的要抱怨，必须有事实根据，而且必须是有目的的抱怨（如让上司了解你工作分工的不合理），次数也要尽量的少。

时常抱怨，别人就会远离你！

4. 忌玩笑开过度

现实生活中，我们经常碰到类似这样的情形：原来一对很好的朋友，可是因为一个小小的玩笑，弄得双方面红耳赤，大打出手，最后互不往来。

其实，朋友熟了，彼此开开玩笑，也无伤大雅，但用词一定不要过于激烈而直接，以免让人受不了。

当然，人没有必要每天正经八百，不苟言笑，因为这样反而会拉远你和别人之间的距离，有时开开玩笑，不仅让自己轻松一下，而且也给他人送去一点快意，还能增进彼此间的感情。但开玩笑之前，应有些认识：

（1）再豁达随和的人也有自尊心，你若开了不得体的玩笑，就算他不发作，也会记在心里。人不可能完全了解另一个人，这点你必须承认，更何况有人天生敏感，容易受伤，你认为好玩的，他不一定认为好玩。也就是说，开玩笑要看人。

（2）喜欢开玩笑或嘲弄别人的人常不知不觉就过了头，因此在开玩笑之前应先三思，以免出口伤人。总之，涉及人身的、有批评味道的和与敏感问题及隐私问题有关的玩笑要少开，宁可不幽默，也不要让人不愉快，如果硬要“幽默”，不如“幽默”一下自己。

5. 忌“滥”交朋友

人，不能没有朋友，没有朋友的日子是难过的。但是，芸芸众生谁为友，需要慎重选择。

一个人结交什么样的朋友，对自己的思想、品德、情操、学识都会有很大的影响。俗话说：“近朱者赤，近墨者黑”，“近贤则聪，近愚则聩”。古代名人很重视对朋友的选择。品德高尚的人，历来受人推崇，也是人们愿意结交的对象。而品德低劣的人，却常常被人所鄙视，极少有人愿与之结交，当然也不排除“臭味相投”的“朋友”。实际上，每个人不管自觉或不自觉，他们交朋友总是有所选择，他择友也总是有自己的标准的。明代学者苏竣把朋友分为“畏友、密友、昵友、贼友”四类，如此划分便可明白：畏友、密友可以知心、交心，互相帮助并患难与共，是值得深交的；那些互相吹捧、乘人之危的昵友、贼友，口是心非，当面一套，背后一套，有利则来，无利则去，则是无论如何也不能结交的。

都说朋友志同道合，情趣相投，这可以作为择友的一个标准。志向不同，情趣有变，友谊不可能长久，早晚会分道扬镳。人类普遍存在着一种“趋同”的心理现象。有一个心理学实验说明了这个现象，心理学家让十几个素不相识的人待在一间屋里，不与外界交往，只让这些人相处。几天后发现，有共同爱好和追求的人大都成了朋友，而没有共同爱好和追求的人则形同路人。

选择朋友要选品德高尚、心胸宽广者为宜。墨子把择友比作染丝，“染于苍则苍，染于黄则黄，所入者变，其色亦变。故染不可不慎也。”也许你说自己“抗腐性”强，那为什么不“择善而从之”，反而自讨苦吃呢？与高尚的人在一起，你也会感染上他的气质，何乐而不为呢？

当然，对朋友也不能求全责备，自己本来就是不完美的，朋友又是双向的，如果人人都要求与比自己有学问的人为友，那么到头来只能是谁也没有朋友。正所谓“尺有所短，寸有所长”，朋友相交贵在有所裨益，有所予而又有所取才是“交往”。

古人的交友择友之道，我们可以借鉴，但不能照抄照搬，也不要为其所拘束。择友的标准各有不同，也应该从个人实际出发，慎重选择。朋友可广交，但不可滥交。

第六章
心灵：洞察世界的棱镜

我们无法把握世界，却可以体验世界，珍视自我。“深入心灵迷宫的最深处，体会真、善、美带给自己内心的丰富圆满。”这句话应当成为一个有追求、有理性，而又至情至性的人的座右铭。

一、我想我是“海”

1. 释放心灵，迎接“新”的呼唤

人生的劲敌是自己，你说自己行就行，说不行就不行！

听说马戏团是这样训练大象的：

在大象还是小象的时候，就把它绑在一根大的木柱上，好动的小象一开始会想挣脱木柱，挣扎了许多次，小象发现自己无法挣脱那根木柱。

这时候，给小象换一根比较小的木柱，但仍然是它无法挣脱的。

再过一阵子，又给小象换一根更小的却依然无法挣脱的木柱。

久而久之，在小象的思维里，它会自己下一个结论：“凡是木柱形状的东西，都是我不能挣脱的。”

当这一思维形成之后，即使用一根最小的木柱系住它，小象也不会想去挣脱，它想要获得自由的渴望已失去了。就这样，即使长成大象它也不会挣脱小木棒跑走。

如果我们的心灵接受了“难以挣脱”的结论，那么希望将永远不再出现。

要时刻跟随生活中的变化，来改变自己的个性。有些人总以为自己的个性不可改变，除了保守和愚昧，剩下的还是保守和愚昧。只有让心门打开，让“新”的呼唤走进来，才能有新的生活。

2. 打开心灵，天高地远

俗话说：宰相肚里能撑船。要想成就大事业，必须有大度量。严于律己，宽以待人，是待人接物的重要原则。

吕蒙正在宋太宗、宋真宗时三次任宰相，他不喜欢把人家的过失记在心里。他刚任宰相不久，上朝时，有一个官员在帘子后面指着他对别人说："这个无名小子也配当宰相吗？"吕蒙正假装没有听见，就走了过去。好多人都为他愤愤不平，要求查问这个人的名字和担任的是什么官职，吕蒙正急忙阻止了他们。退朝以后，大臣们心情还是平静不下来，后悔当时没有及时查问清楚。吕蒙正却对他们说："如果一旦知道了他的姓名，那么一辈子就忘不掉。我宁可不知道，不去查问他，这对我又有什么损失呢？"在场的人都很佩服他的恢弘气度。

为人刻薄、斤斤计较、有仇必报，其结果必将使自己成为失道寡助的小人。只要敞开心灵，就会发现，还有另一片阳光灿烂的天地，之前的小烦恼就会抛诸脑后了。

3. 净化心灵，完善自我

人生的最高境界是无私地帮助别人，满足别人的愿望是自己心灵的最大安慰。

在人的一生中，道德品格都会起作用，要么是你的宝库，要么是你前行的绊脚石。

私生活不检点也好，工作、事业上用一些阴谋诡计也好，不诚实守信欺骗他人也好……这些好像都只是道德领域中的事情，既不犯法，又不影响工作，有时候还能更容易地达到目的，有什么关系呢？有关系。公道自在人心，品格、道德是公众衡量一个人的永久标准。一个立身严谨、道德高尚的人即使不能成就非凡事业，也不至于完全失败，因为大家会信任他、帮助他；相反，一个人格堕落、道德水平低下的人，也许有很高的能力，能取得一时的胜利，但却不会成就大事业，不会赢得人们长久的敬意。

可以这么说，品格道德也许不是一个人的直接生产力，但却是无形的资产和财富，也许不是成功的充分条件，但却是必要条件。

生活中大家经常看到两类人：一类人大家都乐于与之交往合作，无论他们眼下是春风得意还是仍在苦苦奋斗，因为他们身上有被大家所认同的一些美德。同他们在一起，放心，安全，不会受到伤害和欺骗。大家说：他们的路会越走越宽。还有一类人，占尽了小便宜、大便宜，要了很多小聪明、小手腕，也许已然聚敛了钱财或攫取了权势，但大家提起他们来，却多有非议，也不敢轻易与之交往合作。如此，何不洁身自好呢？

二、塑造良好的心灵

1. 恪守诺言

为人处世，恪守诺言是非常重要的。那些受欢迎的人，常用各种不同的方式把他们的优秀品质展现在人们面前，其中最显著的便是他们在任何时候都有守信、遵约的美德。

守信，是中华民族的优秀文化传统之一，自古以来，中国人都十分注重讲信用，守信义。清代顾炎武曾赋诗言志："生来一诺比黄金，哪肯风尘负此心。"表达了自己坚守信用的处世态度和内在品格。因此，言必行，行必果。

东汉时，汝南郡的张劭和山阳郡的范式同在京城洛阳读书，学业结束，他们分别的时候，张劭站在路口，望着天空的大雁说："今日一别，不知何年才能见面……"说着，流下泪来。范式拉着张劭的手，劝解道："兄弟，不要伤悲。两年后的秋天，我一定去你家拜望老人，同你聚会。"

两年后的秋天，张劭突然听见天空一声雁叫，牵动了情思，不由自言自语地说："他快来了。"说完赶紧回到屋里，对母亲说："妈妈，刚才我听见天空雁叫，范式快来了，我们准备准备吧！""傻孩子，山阳郡离这里一千多里路，范式怎会来呢？"他妈妈不相信，摇头叹息，"一千多里路啊！”张劭说：“范式为人正直、诚恳，极守信用，不会不来。”老妈妈只好说：“好好，他会来，我去备点酒。”其实，老人并不相信，只是怕儿子伤心，宽慰宽慰儿子而已。

约定的日期到了，范式果然风尘仆仆地赶来了。旧友重逢，亲热异常。老妈妈激动地站在一旁直抹眼泪，感叹地说：“天下真有这么讲信用的朋友！”范式重信守诺的故事一直为后人传为佳话。

在现实生活中讲信用、守信义，是立身处世之道，是一种高尚的品质和情操，它既体现了对人的尊敬，也表现了对己的尊重。

在社会交往中，如果真能主动帮助朋友办点事，这种精神当然是可贵的。但是，办事要量力而行，说话要注意掌握分寸。因为，诺言的能否兑现不仅有个自身努力程度的问题，还有一个客观条件的因素。有些在正常情况下是可以办到的事，后来由于客观条件起了变化，一时办不到，这种情况是有的，这就要求我们在朋友面前，不要轻率地许诺。有的事，明知办不到，就应向朋友说清楚，要相信朋友是通情达理的，是会谅解的，千万不要打肿脸充胖子，在朋友面前逞能，轻率许诺。这样，不但得不到友谊和信任，反而会因此失去朋友。

2. 以诚待人

诚实是一种美德，对别人诚实才能获得别人的信任和尊敬，否则便一事无成。如果你是个诚实的人，人们就会了解你、相信你。不论在什么情况下，人们都知道你不会掩饰、不会推托，也不会为自己的行为辩解，他们相信你说的是实话。

那些取得巨大成功的人都有许多共同的特点，其中之一就是为人诚实。美国知名的房地产经营家乔治便是以诚实著称的“房地产大王”。

乔治最初在伊利诺伊州担任房地产业务人员，有一栋房子要由他经手出售，屋主曾经告诉他：“这栋房子整个骨架都很好，只是屋顶太老，早就该翻修了。”

乔治第一天带去看房子的顾客是一对年轻夫妇。她们说准备买房子的钱有限，很怕超支，所以想找一幢不需大修的房子。但他们看了之后，很快地就喜欢上了它，特别是它的位置，想要马上搬进去住。这时，乔治对他们说：“这栋房子需要花七千美元重新整修屋顶。”

乔治知道，说出这栋房子屋顶的真相，这笔生意可能因此而做不成。果然，他们一听到修屋顶要花这么多钱，就不肯买了。一个星期之后，乔治得知他们找了另外一家房地产交易行，花较少的钱买了一栋类似的房子。

乔治的老板听说这笔生意被别人抢走了，非常生气。他把乔治叫到办公室。

老板对乔治的解释很不满意，更不高兴他替那一对夫妇的经济条件操心。“他们并没有问你屋顶的情况！”他咆哮着说，“你没有责任说出屋顶要修，主动说出这个情况是愚蠢的！你没有必要说，结果搞坏了事！”于是，便把乔治解雇了。

假如乔治是个失败者的话，他当时会想：“我把实话告诉了那对夫妇，真是做了傻事，我为什么要为别人操心呢？我再也不要那样多嘴，把工作搞掉了。我可真笨！”

但是，乔治希望做个诚实的人——他受到的教育一直是要他说实话。他的父亲总是对他说：“你同别人一握手，就算是签了合同，讲的话就得算数。如果你想长期做生意，就要讲公道。”乔治最关心的是他的信用，而不是钱。他当时虽然想要把那栋房子卖掉，但绝不肯因此而损及自己的人格。即使丢掉了工作，他仍然坚信自己唯一的做事准则就是把所有的真相统统说出来。

乔治向他帮过忙的一位亲戚借了些钱，搬到了加利福尼亚州，在那里开了一家小小的房地产交易行。过了几年，他以做生意公道和说老实话出了名。最后，他终于赢得好名声，生意做得很兴隆，在全国各地设置了营业处。

所以，你在个人生活和工作当中，可能由于诚实而失掉某些你想要的东西。但是，在漫长的人生旅途中损失一些利益算不了什么。你需要的是建立信用，树立真正诚实的名声。

3. 赞美别人

你一定听说过“良药苦口，忠言逆耳”这句俗话，可是，如果良药外面包层糖衣，忠言之后和颜悦色，不就更能让人接受了吗？如果你能随时随地地鼓励他人，赞美他人，你的生活也会更加美好。因此，请你养成随时赞美他人的习惯。无论是同事、朋友，还是家人，谁做了件值得赞美的事，不要吝于赞美他。

无论大人物或小人物，没有人会不为真正的赞赏所激动的。

美国耶鲁大学已故的英文著名教授费尔普说：“有一个很热的夏天，我到火车上拥挤的餐车中去吃饭。当侍役把菜单递给我的时候，我对他说：‘在厨房中的那些伙计们，今天一定很受罪了！’那个侍役很惊异地望着我说：‘人们到这来，几乎都埋怨服侍不周到，饭菜做得不好，或抱怨天气太热。在近20年中，你是第一位对厨房中的厨师表示同情和赞美的人！’”

福特是美国石油大王洛克菲勒的好朋友，一次福特和洛克菲勒合资经商，因福特投资过大而失败，损失巨大。这使福特很过意不去，就主动解释说：“太对不起了，那次损失太大了，我们损失了……”想不到洛克菲勒却若无其事地答道：“啊，你能做到那样已难能可贵了，这全靠你处理得当，才保存了剩余的60%，谢谢你！”

洛克菲勒在本该责备福特时，却宽容地原谅了他，而且找出一堆值得称赞的东西来，这真是出乎福特的意料。然而，正是洛氏的这种胸襟为他以后的腾飞打下了坚实的基础。

赞美总是给人以力量，所以，诚恳是很重要的，它会带给人惊喜的效果。一个人在劳累一整天后回家了，远远地看到孩子倚窗探望的脸，进到家里时又看到妻子挂着欢笑的脸，这是无言的赞美，是内心的真挚的情感的表露，他会为此而感到欣慰，而精神上那种疲倦也会一下子消失了。

有的时候，事情在表面上也许真的不怎么乐观，但是，你总可以找得到一些能够鼓舞士气的话。当然，你必须多用点心才做得到这一点，可是，如果你真能对别人的才干发出由衷的赞赏，你的用心一定能得到更大的回报。

你希望每天都能保持愉快健康的心情吗？只要你能帮助别人得到快乐，那么快乐自然会落到你身上，所以不要舍不得说出好听的话。如果你今天感到闷闷不乐，也许正是因为你还没有说出一句赞美的话呢。

切记：要去掉别人身上的刺，最好的方法就是拍拍他的背，说上两句赞美他的话。

4. 不念旧恶

古人云："人之有德于我也，不可忘也；吾有德于人也，不可不忘也。"这句话的意思是：别人对我们的帮助，千万不可忘了；反之，别人倘若有愧对我们的地方，应该乐于忘记。

乐于忘记是一种心理平衡。有一句名言叫做："生气是用别人的过错来惩罚自己。"老是念念不忘别人的"坏处"，实际上深受其害的就是自己的心灵，搞得自己痛苦不堪。这种人，轻则自我折磨，重则就可能导致疯狂的报复了。

乐于忘记是成大事者的一个特征，既往不咎的人，才可甩掉沉重的包袱，而大踏步地前进。人要有点"不念旧恶"的精神，况且在朋友之间，在许多情况下，人们误以为"恶"的，又未必就真的是什么"恶"。退一步说，即使是"恶"吧，对方心存歉疚，诚惶诚恐，你不念旧恶，以礼相待，说不定他也能改“恶”从善。

唐朝的李靖，曾任隋炀帝的郡丞，最早发现李渊有图谋天下之意，亲自向隋炀帝检举揭发。李渊灭隋后要杀李靖，李世民反对报复，再三请求保他一命。后来，李靖驰骋疆场，征战不疲，安邦定国，为唐朝立下赫赫战功。魏征曾鼓动太子建成杀掉李世民，李世民同样不计旧怨，量才重用，使魏征觉得“喜逢知己之主，竭其力用”，也为唐王朝立下了丰功。宋代的王安石对苏东坡的态度，应当说也是有那么一点“恶”行的。他当宰相那阵子，因为苏东坡与他政见不同，便借故将苏东坡降职减薪，搞得他好不凄惨。然而，苏东坡胸怀大度，他根本不把这事放在心上，更不念旧恶。王安石从宰相位子上下台后，两人关系反倒好了起来。苏东坡不断写信给隐居金陵的王安石，或共叙友情，互相勉励，或讨论学问，十分投机。

古人古事，脍炙人口。以古为镜，可以净心灵，辨是非，明前途。

三、体验幸福

1. 选择自己的幸福

亚伯拉罕·林肯曾经说过："我一直认为，如果一个人一心想获得某种幸福，那么他就能得到这种幸福。"

人与人之间其实只存在着一种很小的差异——心态的积极与消极，但就是这种很小的差异往往造成了人与人之间的天壤之别——有的人非常幸福，而有的人终生不幸。期望获得幸福的人应采取积极的心态，这样幸福就会被吸引到他们身边。而那些态度消极的人不仅不会吸引幸福，相反还会排斥幸福，当幸福悄然降临到他们身边时，他们可能毫无觉察，或者失之交臂。幸福是一种难以捉摸的、瞬息万变的东西。如果你去追求它，你会发现它似乎在逃避你。如果你把幸福送给别人，它可能就会来到你的身边。但是，如果你把苦难和不幸分摊给别人，你得到的就只能是苦难和不幸。有这样一些人：他们总是烦恼，不论发生了什么事情，他们都认为那些事无法令人称心如意，这恰恰是因为他们总是把烦恼分摊给他人。由此看来，寻找幸福的最可靠的办法就是竭尽全力地使他人得到幸福。

对于我们每个人来讲，你可能是幸福的、满足的，也可能是不幸福的。因为你有权选择其中的任何一种。决定你选择的因素只有一点——你是接受积极的还是消极的心态的影响，而这个因素至少也是你所能控制的。

在现实生活中，不利条件不一定就是通往幸福之路的阻碍。如果说谁有资格来抱怨生活的话，应当首推海伦·凯勒了。她一生下来便是聋、哑、盲，全世界所有的不幸似乎全都降临到她的身上，她失去了与周围人进行正常交际的能力，只有她的触觉帮助她把手伸向别人，体验爱人与被爱的幸福。然而，一位虔诚而伟大的教师向海伦伸出了友爱之手，使这位天生不幸的女孩成了一位快乐、幸福并且成绩卓著之人，令许多天生正常之人也无法企及。她曾经这么写道：

“任何人出于他的善良的心，说一句有益的话，发出一次愉快的笑，或者为别人铲平不平的道路，这样的人就会感到他的欢欣是他自身极其亲密的一部分，以致使他终生追求这种欢欣。”

世上有许多孤独之人，他们渴望爱与友谊，但是，他们似乎绝对得不到它们。有些人用消极的心态排斥他们所寻找的东西，另一些人蜷缩在他们狭小的天地里，绝不敢冲出去。他们只幻想一些美好的东西会从天而降，即使他们得到了这些东西，也不会将之与人分享。他们不懂得一点：如果你不把美好而称心的东西分给别人，那些东西就会自然减少甚至消失。著名的成功学奠基者拿破仑·希尔认为，全世界最富裕的人富有历久不衰的人生理想，富有他所不能失去的东西，这些东西能给他提供满足、健康、宁静的心情与内心的和谐。

下面是拿破仑·希尔的财产清单，它们本身说明了他是怎样获得这些财产的，相信这些成功的信条一定能使你颇有启示：

（1）“我获得幸福的办法就是帮助别人获得幸福。”

（2）“我获得健康的办法就是生活富有节制，我仅仅吃维持我的身体健康所必需的食物。”

（3）“我不仇恨任何人，不嫉妒任何人，而是热爱和尊敬全人类。”

（4）“我从事我所热爱的劳动，我还把游戏同劳动相结合，因此我很少感到疲劳。”

（5）“我每天祈祷，不是为了更多的财富，而是为了更多的智慧，用以认识、利用、享受我已经拥有的大量财富。”

（6）“我从不使用辱骂的语言。”

（7）“我从不要求任何人的恩赐，只要求我有权把我的财富分享给那些需要帮助的人。”

（8）“我和我的良心关系良好，因此它总是指导我正确处理一切事情。”

（9）“我所拥有的物质财富多于我的需要。因为我清除了贪婪之心。我只需在我有生之年能用于建设的那部分财富，其他的给为分享我的财富而受益的那部分人。”

2. 幸福靠自己寻找

一大，一个神情憔悴的妇女走进心理学家的房间。

“从刚开始，我就知道自己这辈子不会有好运气的。”她说。

“你如何得知的呢？”心理学家问。

“我小时候，一个道士说过——这个小姑娘面相不好，一辈子没好运。我牢牢地记住了这句话。当我找对象的时候，一个很出色的小伙子爱上了我。我想，我会有这么好的运气吗？没有的。就匆匆忙忙地嫁了一个酒鬼，他长得很丑，我以为，一个长相丑陋的人，应该多一些爱心，该对我好。但霉运却从此开始了。”

“你为什么不相信自己会有好运气呢？”心理学家问。

她固执地说：“那个道士说过的……”

心理学家说：“或许，不是厄运在追逐着你，是你在制造着它。当幸福向你伸出双手的时候，你把自己的手掌藏在了背后，你不敢和幸福击掌。但是，厄运向你一眨眼，你就迫不及待地迎了上去。看来，不是道士预言了你，而是你的不自信引发了灾难。头上总顶着一块乌云，你怎么可能见太阳？”

有些人残酷地拒绝了幸福，还愤愤地抱怨着，认为祥云从未卷过他的天空。

幸福很矜持，遭逢的时候，它不会夸张地和我们打招呼，离开的时候，也不会为自己说明和申辩。

幸福与不幸，都是自找的，不是别人为你决定的。

第七章

生命的意义：成长的原动力

有的人只有在生命的最后一刻，才能明白自己应该珍惜的是什么，才能真正发现性格在一生中所起到的作用，才能懂得生命的意义在于不断的追求。

一、珍惜时间，就是珍惜生命

1. 生命中最大的过错就是浪费时间

一个人在日常生活中对时间的利用程度，会关系到他未来一生的命运！一个铭记时间重要性的人和一个视时间如粪土的人相比，两者的人生之路必会产生天壤之别！

对每个人来说，时间是这个地球上极少数被平均分配的事物之一，在时间面前人人平等。每个人一天的时间都是24小时、1440分钟，没有人会多一分钟或少一分钟，任何人想多加一分钟都绝不可能。你有多少钱或你拥有多大的影响力并不重要，富人里最富的和穷人里最穷的，他们拥有的时间一样多。虽然这个世界上的每个人拥有的时间一样多，但每个人也都知道，人与人的境遇却是千差万别的。对很多人来说，其中的缘由就在于他们利用时间的方式不同。

对于时间的宝贵，似乎世上的每一个人都能念叨一二。虽然每个人嘴里都能讲出几句有关时间宝贵的语句，但能脚踏实地地去实践它的人却少之又少。世上无数的傻瓜常常在懒散和无所事事中让时间任意溜走，却还能大言不惭地张口就说一些有关时间有多么宝贵的名言、警句。你也许听说过不少这样的话，诸如“珍惜时间”，“光阴如梭，时光飞逝”，“一寸光阴一寸金，寸金难买寸光阴”等等。当然，对于任何人来说，随便捡一两句关于时间的格言放在嘴边念叨，这并不是一件难事。

类似的有关时间的格言可谓是太多了，但至少有一点，这些句子都能证明时间的价值与流逝的速度。从几乎每一个公共场所都安置着时钟这件事，就可以看出人们对时间的重视程度。但是，尽管如此，还是有不少人在口里念叨着一定要珍惜时间的同时，依旧漠然地挥霍着自己宝贵的时间！当然，这些时间是一去不复返的。

所有关于珍惜时间的忠告，对那些既缺乏良好的理性，又缺乏良好的判断力的心灵，是没有丝毫用处的。他们只会机械地念叨惜时的名言、警句，在心里却从不会对它真正地加以重视，在行动上也不会真正努力地去落实。

时间就像生命一样珍贵！当钟表上的指针滴答、滴答地转动，它清晰的滴嗒声似乎就是在向人们提醒：珍惜时间吧！你的生命正在不断地流逝！秒针每移动一下，你的生命就减少一秒钟，就像你桌子上的日历，每翻过去一页，你的生命就会又缩短了一天一样。世界上不会有人愿意毫不珍惜地浪费自己的生命，因此，只要是爱惜自己生命的人，就应该懂得时间的珍贵。那些能在各个领域里获得成功的人士，总是对时间表现出加倍的珍惜。视时间如生命的人们，或迟或早都会享受到生命赐予自己的恩惠。

要衡量一个人对时间重要性认知的程度，只需要观察他利用时间的方法就足够了。

在自己学习、工作中，一定要充分、有效地利用这段宝贵的时间，把自己的主要精力投入到探索新知、磨砺自我中去。自己利用时间的方式和对时间重要性的良好的理解和判断，会让一个人受益终生。

要知道，无论什么知识，如果在年轻时，没有为它们打下坚实的基础，没有做好足够知识储备的话，那么，在成年以后，那些美好的人生梦想也将很难如愿以偿！就像树木一样，若是我们在年轻时没有好好地栽培它，等到我们变老时，它是不会给我们提供纳凉之处的。

请一定要记住：要像珍惜生命一样珍惜你一生的时间！

2. 虚度时光只能收获悔恨

决不要因为一秒钟时间的微不足道而不屑一顾！那些现在嘲笑一秒钟时间微不足道的人，将来会为生命中不能再多拥有一秒钟时间而感到悔恨！

能够善加利用财富的人，可以说相当少见；而懂得善用时间的人，可以说更为少见。事实上，善用时间当然比善用财富更加重要。

正由于年轻时大家都认为自己有足够的时间，许多人才会在不知不觉中把时间白白地浪费掉了。殊不知，时间就好像财富一样，当发觉财富已经用尽、时光永不再来，此时才想起来后悔，就已经太迟了。

英国的副财政部长劳恩斯经常说："决不要因为一便士价值太过渺小而不屑一顾！那些现在嘲笑一便士的价值渺小的人，将来会为赚取一便士的辛酸而哭泣！"对此，劳恩斯部长总是身体力行。当然，这种观点在时间管理方面的应用价值更大。因此，无论是多么短的时间，你都不能疏忽掉。假如你根本毫不在乎这看似微不足道的一分一秒的时间的话，那么，一天之中，你很容易便会浪费掉好几个小时。这样，日积月累，你便浪费掉了一生中很多宝贵的时间。

不要把"空闲时间"变成"空白时间"！在实际生活和工作中不管你多么有效率，总是会有人或发生的某件事情要让你等待：你可能错过公交车、地铁、飞机，碰上出其不意的中途休息。这样，你也就有了一段需要合理支配的时间。而几乎所有成功人士在这种情况下所做的是："我带本书，我写东西，我修改报告……总之，我可以在这样的时间里做任何工作。"如果你也这样做，你不但挖掘出了那些隐藏的时间，而且你也向成功者的行列迈进了一步。

许多伟人之所以能名垂青史，一个重要的原因就在于他们生命里的每一分钟，都在坚持不懈地工作、积累与进步。

九层之台，起于垒土。一个人只要每天对时间有效地加以利用，就必能做出一番伟大的事业。

3. 合理规划你的时间

无论是一个工作能力多么强的人，如果做事没有规划，不知道如何使用自己的时间，不但容易使头脑产生混乱，而且还会延误事情的进程。

一个人要想在一生中都做到有效、充分地利用时间，这的确是门深刻的学问。经常听到有人抱怨这些事，比如，什么想读书没有时间啦，想做什么事却总是没空，或是后悔自己年轻时没有好好地利用时间等等。不管这种说法是基于何种理由，它都很难站得住脚。其实，往往就在我们身边，许多零碎的时间总是在不经意间被人们忽略和浪费掉了。你也许经常会碰到诸如等待、约会之类的事情，如果你能很好地利用这段时间，读几页书或浏览一下文摘，时间久了，积少成多，你就会发现这些零碎时间的妙用。

当然，合理的消遣或娱乐也是必要的，这并不是懒散或浪费时间。相反的，将你的一部分时间用于消遣，是很有意义的分配：在公共场所发表演说，参加优秀社交圈的聚会，举行令人愉快的野餐，甚至汗流浃背地打球……但做这些都需要你合理地规划，否则，你的时间就可能会白白地被浪费掉。

许多人都认为，自己每天的时间都利用得很好，但是，当他们仔细地回想一下自己一天下来的行为，就会发现其实自己什么事都没做好。比如，他们是读了两三个小时的书，但却是机械式地翻阅，根本没留意所读的内容，更别说记住其中的东西或是对书中的内容展开联想了。接下来，他们漫无目的地来到社交场所，并没有参与其中，更别说观察他人的性格或是留心谈话的主题了；他们也许只想着一些与当前问题无关的杂事，或者干脆什么也不想，只是傻傻地、懒散地停滞在被他们尊称为走神、分心的空想中。然后，他们又去看了一场戏，在那儿，他们却只会目瞪口呆地傻看着同伴欢乐的笑脸和闪烁变幻的灯光，却忘了自己去看戏的真正目的。

要做一个善于管理时间的人，就要经常为自己制定短期的计划和详细的时间管理表，另外，长期的计划和长远的目标也不可缺少。例如，你可以列出一星期或一个月内要处理的事务，并按不同的重要程度加以分类。接下来，你就可以分别情况、区别对待，从而避免过分投入于一些不太重要的事，而耽误了更重要的事。当然，一个人不可能一天24小时都处于紧张的学习或工作状态中，这是不可能的，在有些情况下，这也是不适当的。人总要有一些休息和娱乐的时间，而且充分的休息和适当的娱乐对于提高学习和工作的效率必不可少。

在做一件事情时，脑海中一定要有一个事情安排的先后顺序。通常讲究程序的人做起事来，比那些只有才能而没有程序的人要好得多。

没有人可以永远严格地按照事情的轻重程度去做事，但是按部就班、条理清晰地做事，总比想到什么就做什么要好得多。

要记住：真正懂得利用时间的人，他的生命价值也会因之而提高。

二、了解性格，成就一生

1. 25种不同性格的人的不同命运

第一，理智型人的命运。

理智型性格的人既具有智者的智慧又具有仁者宽厚的思想，不管在什么情况下，都能冷静地面对突发事件或是居安思危地在舒服的今天去考虑明天、后天乃至今后的生活……

具有这样性格的人，常常表现出稳重、有自知之明的神态，在需要隐藏锋芒时决不会自以为是，在利益冲突时，也能避重就轻。

第二，怀疑型人的命运。

具有怀疑型性格的人生性多疑，对什么事都草木皆兵，我们也时常能听到“以小人之心度君子之腹”的话语，这些都是对怀疑型性格的人最贴切的描述。

万事多疑是一种不健康的心理，有这种心理的人往往以自我为中心，对一切都疑神疑鬼，就因为有这种多疑的性格，所以极不容易和人相处，很难接受别人的意见。

第三，信赖型人的命运。

信赖型性格的人是全身心地为他人为社会服务的人，他能从中得到满足，并感受到奉献所产生的价值。信赖型性格的人随和、宽厚，富于同情心，能理解人、体贴人，并把为他人服务当做最大的乐趣，把关心爱护他人作为高尚的职责。

信赖型的人往往把“用人不疑”作为自己的座右铭，这种做法如果恰到好处，可能会对自己大有益处；要是误识千里马，可能会给自己带来不可估量的后果，但属于此性格类型的人往往忽略了这一点。在这种类型人的大脑里，没有顾虑，没有担心，所以，这种性格类型的人看上去往往比别人洒脱些。

第四，敢为型人的命运。

勇气是人类的标志，是真正的性格产物，敢为型性格的人就具有这种特征。敢为型的人通常都好奇心特强，敢于冒险，大部分人好冲动。

这种类型的人最大的缺陷就是粗心大意，比较轻浮、莽撞，和这种类型的人相处，你能充分感受到他们的感情。

第五，畏缩型人的命运。

畏缩型性格的人刚好和敢为型性格的人相反，畏缩型性格的人常表现出惧怕危险、胆小怕事、退缩不前、顾忌太多而不敢行事。所以在人前常表现出不善交际、不融洽、冷淡的神形，此种行为不仅体现在平常的为人处世中，在爱情面前也是如此。

第六，坚忍型人的命运。

坚忍型性格类型的人往往有顽强的意志力，遇事不冲动，能忍耐，属于情绪成熟型。坚忍型性格类型的人比较让人放心，他们做事往往认真负责、踏实、不浮躁，能尽职尽责，有很强的责任感。这种性格类型的人往往因为能坚持到底，而使得其人生充满机遇。

第七，妥协型人的命运。

妥协型性格的人常表现出缺乏责任感，不恳切，表面应付了事，凡事主动退让妥协，做事敷衍马虎，只顾眼前，意志力弱，依赖性强，缺乏耐性，易变、懒散，秩序观念差。

第八，兴奋型人的命运。

兴奋型性格的人常表现出活泼、好动、振奋的神形，充满了精力。这种类型的人爱与人交谈，话多而直爽，举止随便、略显轻浮。

第九，沉静型人的命运。

沉静型性格的人常表现出严肃、不苟言笑，令人敬畏的神形，这种性格的人的社交活动可能存在一定的缺陷。但镇定、冷静、认真、周密、不感情用事在一定程度上会弥补这一缺陷。

第十，好强型人的命运。

大部分人总把自己的现状归咎于运气。而好强型的人却不相信运气。好强型人认为，能出人头地的，都是主动寻找自己的运气的人，如果找不到，好强型人就去创造运气。

第十一，温顺型人的命运。

温顺型性格的人往往表现出顺从、温和、谦逊的常态，因为这些原因，所以温顺型人易通融。

第十二，自制型人的命运。

自制型性格的人在任何情况下都能自制，坚忍而极富同情心，对别人的冒犯也能容忍。因此，自制型性格的人往往会出人头地。

自制型性格的人的职业价值极其宽泛，在职业选择上具有极广阔的天地，可以选择管理工作型、经济型、自我实现型、服务型。自制型性格是有助于成功的性格。

第十三，任性型人的命运。

此种性格的人往往有任性的资本，换句话说就是有任性的条件。在生活中常放任妄为，凭自己的意愿行事，全然不顾别人的感受。

第十四，稳定型人的命运。

稳定型人常表现出情绪稳定而成熟的神形，沉稳开朗，性格豁达，易于满足。这种类型的人富有同情人，能面对现实，忍耐力强。

第十五，社交型人的命运。

社交型性格的人活泼、热情、爱交际，往往有强烈的表现欲，而且能言善辩。这种类型的人往往待人爽快。

第十六，孤独型人的命运。

孤独型性格的人往往喜欢独处，因其性格的内向，使得这种类型的人不善交际，对事业任劳任怨，通常孤独型人都很敬业。

第十七，世故型人的命运。

世故型性格的人往往表现出圆滑、精明能干的神形。世故型的人往往自私自利、善于盘算，而且老是充当挑拨离间的角色。

第十八，自信型人的命运。

自信型性格的人常表现得从容、自信、安详，对每件事都怀着乐观的态度去处理，大胆、沉着而不拘小节。

第十九，独立型人的命运。

独立型性格的人往往表现出独立自主、自强不息的神形，这种类型的人，从不依附于他人。同时，独立型性格的人比较傲慢，不过，这种类型的成功人士比较多，因为他们的个性让他们在有机会时能立刻作出决断，并由此而奋发图强。

第二十，果断型人的命运。

果断型性格的人做事从不拖泥带水，这种性格类型的人往往仗义，但有点霸道，不通人情。

第二十一，耿直型人的命运。

耿直型性格的人属于可靠的人，天真、直率、朴实、行事光明磊落，为人刚正不阿，但稍稍缺乏理智。

耿直型性格的人是社会型和权力型人，宜从事公务工作，如法官、检察官、警官，也可以担任监察、纪检官员等。

第二十二，激进型人的命运。

激进型性格的人遇事喜欢分析思考，同时习惯于说服别人。这种性格的人没有固定的思维模式。

激进型性格的人属理论型、权力型两类。理论型是把自己的激进思想加以总结，概括成理论。理论型人可能成为专家、学者和教授。权力型人则是那些善于革旧创新的领导。

第二十三，敏感型人的命运。

敏感型性格的人属于自我实现型。通过独特的想象力、敏锐的感悟力，在对目标的追求中获取价值。

敏感型的人适宜于高智力行业。军事家的明察秋毫、科学家的独具慧眼……都是超常敏感的特征。此外，作家的丰富想象力、新闻记者的迅速反应能力、刑警的独特感悟能力等等，也都离不开敏感。更广泛意义上的理论工作、学术研究与科研工作等也都需要敏感型性格的人去完成。

第二十四，情绪易变型人的命运。

脾气坏的人不但会害苦自己，还会招来莫大的灾难，而且也往往殃及他人。

此种性格的人喜欢交友，对人过分殷勤，强烈依赖他人却难持久，计较得失，容易受情绪支配，办事不牢靠。

第二十五，柔懦型人的命运。

优柔，能谋不能断；懦弱，无谋亦无断。

具备这种性格的人往往有着失败的命运。他们遇事犹豫不决，瞻前顾后，办事拖泥带水，不果断干脆。

机会并不是只给每个成事之人，上天会垂青每一个人，但性格优柔懦弱者却一次次放过，失掉机会。他们缺少果断的勇气，其命运无疑将以悲剧结局。

2. 15种不同性格的人与成败的关系

第一，方圆型性格的人的成与败。

兵无常势，文无定法。能方则方，遇圆则圆，方圆兼济，必有方圆人生。这种性格属于善变型，能因人、因势、因时而变，极尽中庸之精髓。

方圆型性格是一种难以达到但人人都向往的性格，这种性格包容性强。具有这种性格的人有“忍”、有“慈”、有“残”、有“变”。他们把宽容、博大、仁爱、残忍皆交融在一起，运用时，能够根据具体的情形作出调整。

第二，敢为型性格的人的成与败。

敢为型性格的人敢作敢为，不畏艰难，在逆境之中绝不妥协。有勇气和决心去争取成功，也敢于去冒险寻求成功。

敢为型性格的人好奇心比较强，大部分人容易冲动，最大的缺点是粗心大意，不拘小节而使自己鲁莽行事，有时会陷入绝境。

第三，优柔懦弱型性格的人的成与败。

优柔懦弱型性格的人，不是无谋无策就是能谋不能断。

一般这种性格的人失败者居多，他们遇事的犹豫不决致使浪费了很多大好时机，加上办事又多拖泥带水，不利索，连上天也很难垂青这种人。

第四，耿直型性格的人的成与败。

“兵强必灭，木强必摧”，这是亘古不变的道理。人的性格也如此，性格耿直，不知迂回通达者，必然四面碰壁。耿直的人是正直无私的，拥有这种性格的人很多时候会吃眼前亏，但他们的性格又决定了他们始终如一地坚持自己的立场和观点，其伟大的生命力和存在价值是毋庸置疑的。

但是，若论成功与失败的概率，这种性格的人多以失败而告终，因为他们的耿直有时会招来许多不必要的麻烦。

第五，刚愎自用型性格的人的成与败。

性格刚愎自用的人，多表现得狂妄自大、自以为是，做事谨慎武断、固执己见，自认为是天下第一。这无疑是性格中的一大缺陷。

当然，有这种性格的人，古今中外多以失败而告终，轻则身败名裂，重则家破人亡，甚至自己也命丧黄泉。

第六，豪放型性格的人的成与败。

豪放直爽型性格的人多令人喜爱，他们往往不拘小节，办事干脆利落，决不拖泥带水，也不讲个人私利，为朋友两肋插刀，毫不犹豫。

个性豪放的人优点很多，他们打不垮，折不弯。他们往往由于自己的性格而成功。

第七，叛逆型性格的人的成与败。

叛逆型性格的人桀骜不驯，他们个性鲜明，骨子里流动的血液都是激进的。他们敢于向周围的环境发出挑战，不管面对的势力有多么强大，他们都全力去撼之。

当然，这种性格的人也有很大的缺陷，有时由于叛逆而把自己变得过激，对周围的人处处有抵触，多表现为不合群。

只要叛逆而不过激，拥有此种性格的人多能成功。

第八，坚忍型性格的人的成与败。

坚忍型性格的人往往有顽强的意志力，遇事不冲动，能忍耐，属于情绪成熟型。这种性格的人善于做大事，由于意志坚强，历经磨难而不屈服，所以是一种比较完美的性格。

由于这种性格的人做事感情专一、不达目的誓不罢休，从不怕失败，拥有这种性格的人多以成功者的姿态站在世人面前。

第九，狭隘型性格的人的成与败。

狭隘型性格的人多表现为心胸不开阔、气量小和见识浅薄，他们一遇上困境就会出现想不开的情绪，若是遇到别人的攻击，就会产生很强的报复心理。

有狭隘型性格虽然不是什么大害，但有时也会误大事，或自取祸害。若论成败，这种性格的人失败多于成功。

第十，狡诈型性格的人的成与败。

狡诈型性格是一种最阴险的性格，它不受道德规范的约束，为所欲为又善于伪装，工于心计又长于逢迎，因此拥有此种性格的人多易成功。拥有这种性格的人通常有一定的本事，而其狡猾奸诈也可能给别人带来无穷的后患。

第十一，孤独型性格的人的成与败。

孤独型性格的人往往喜欢独处，不善于交际，因其性格的内向，使常人很难接近。但孤独型性格的人对事业任劳任怨，勇于攀登，特别是在科学界或者文坛，这种性格的人不仅易成功，而且他们的成就非常人所能企及。

当然这种性格的人也有缺陷，由于孤独而常常走极端，脾气多怪异，甚至走向自我毁灭的道路。

第十二，世故型性格的人的成与败。

世故型性格的人圆滑、世故、精明能干，处理人际关系能够左右逢源。这种性格的人往往自私自利、善于算计，而且老是充当挑拨离间的角色。

世故型性格的人善于伪装，一般容易成功，但是，一旦伪装不成露出了马脚，就难有好的下场。

第十三，谨慎型性格的人的成与败。

顾名思义，谨慎之人思考周全，三思而后行，他们往往虑人先虑事，进可攻，退可守。这种人责任心较强，办事精明，如以大事相托，可万无一失。

谨慎型性格的人一般以女性较多，也许是女性较细心，所以思考比较周全。拥有这种性格的女性，她们多冷静而机智，客观而善变，她们做事务实，不鲁莽。谨慎型性格的人在关键时刻善于自保，不会拖累他人，这种性格也是易成大事的性格。当然这种性格也有缺陷，有时思考过细，不敢去冒险，因而失去许多机会。

第十四，残暴型性格的人的成与败。

残暴型性格的人多缺乏人性，为了达到自己的目的，不惜利用一切手段。拥有这种性格的人多凶狠如狼，狡猾如狐，而且轻易不妥协。

若在战争中，对方势力弱他会让敌人片甲不留；若对方强，由于不善于妥协，他多以失败而告终。

残暴的性格是一种可怕的性格，也是令人发指的性格。

第十五，好强型性格的人的成与败。

许多人把自己的成功与失败归咎于运气，而好强的人却相信自己的努力。好强型的人主动去寻找成功的机会，他们有自强不息的精神和积极向上的心态，这也是好强型性格的人容易成功的最大原因。

当然好强型性格的人也有缺点，因为好强所以他们都不甘居人下，不人云亦云，而且会傲慢地对待他人，在处理人际关系时容易走极端，多遭人嫉妒。

总而言之，好强型性格的人多成功少失败。

三、快乐一生很容易

1. 永远快乐的秘诀

人世间，并非无烦恼就快乐，亦非快乐就没有烦恼。那么人们能否一生都愉快地生活呢？请阅读下面八条：

（1）承认弱点。人无完人，金无足赤，要承认自己的弱点，乐意接受别人的建议、忠告，并有勇气承认自己需要帮助。

（2）吸取教训。面对失败和挫折应该是从中吸取教训，勇往直前。

（3）有正义感。在生活中诚实和富有正义感，朋友们就会乐于帮助你。

（4）能屈能伸。对待人生的态度都应该是处之泰然，人的一生会遇到意想不到的打击或其他不幸，要客观对待、随遇而安。

（5）乐于助人。帮助别人，与人关系融洽，自然就会受人尊敬。

（6）宽恕之心。自己受到不平等待遇时，必须宽恕和同情他人。

（7）坚守信念。做任何事情时，都必须坚守个人的信念。

（8）心境开朗。只要乐观向上，快乐就会永存心间。

2. 人际交往中的风趣幽默

谁没有朋友？然而，在与朋友的人际交往中的风趣、幽默未必是每个人都能很好地运用的。怎样增进这种感情呢？风趣的幽默，将会给彼此带来愉快的感情。

譬如，我们的一生中常要赠送礼物给别人，如生日、结婚、春节等等实在是数不胜数。而赠送礼物给他人时，不可能每次都大手笔地购买华贵的礼物使别人印象深刻，但便宜的小东西很容易被接受人所遗忘。最好的办法是，在赠送礼物的同时附上一张卡片，写上几句幽默的话语，不但显得礼轻意重，还能使对方永远记得你这份礼。

有时，朋友提出一些你无法接受的要求，但若生硬地拒绝，又容易伤害彼此的感情，运用幽默，能使人避免这种难堪。

和朋友交往，要多一些善意的笑，特别是当你拒绝他的时候。假如朋友找你借钱，你因某种原因不想借他，那么你一定要微笑着说出你的看法，不能有一丝恼怒，越是微笑着，心平气和地拒绝，朋友便越能体谅你、理解你，不会因此而失去友谊。

当朋友借你的钱或东西不还时，你该怎么办？风趣与幽默，会为你实现你尚未完成的一切。

日本有位打油诗人名叫日中庵，他把自己唯一的一把伞借给了好友，可是这位好友始终不提还伞的事，日中庵真可谓是“恶习难改”，于是他就作了首打油诗。

我在湿淋淋日子中借给你伞，含有无比热诚，

请在未破损之前，还给我吧！

收到这首诗的朋友也回了一首：

由于我无话可说，

我就闭上嘴还你这把伞。

朋友立即派人把伞送去了。

忠于老朋友的同时，我们也应该注意结交新朋友。新朋友开始时是陌生的人，如何迅速拉近彼此间的距离，是结交新朋友首先要考虑的。

有的人一见面就说：“嗯，我一定在哪儿见过你。一定见过，好

面熟。”

“是吗？这不可能。”

“不，肯定的，即使在梦里，也可能见过你。”

看来，风趣的幽默，也不一定是真实的事实，只要它具有启迪人们思维的功能，就可以了。

3. 恋爱、婚姻、家庭中的风趣幽默

恋爱、婚姻、家庭是人们生活中不可缺少的一部分，要想处理好这些关系，用什么最恰当呢？风趣、幽默也许会在你的社交、起居中帮上大忙。

（1）恋爱

翻翻杂志、报纸上的征婚启事，你会发现不少女孩子把是否有幽默感视为自己选择男友的一个重要标准；而男人也把幽默感当成金子一样往自己身上贴。有幽默感的男人，在爱情上往往一帆风顺，即使别的条件差一点也没关系。

有一对青年男女经别人介绍认识了，这个姑娘比小伙子还高半头，心里很是不满，在第一次见面交谈中就嘲笑小伙子个头矮。这个小伙子不急不忙，风趣地说：“长颈鹿高，可有什么用呢？”把姑娘逗乐了的同时也将女孩的视线引到了智慧的幽默上。

男人吸引女人最主要的是智慧。拥有了智慧的男人便拥有了一切，而幽默便是智慧最好的体现。同时，风趣幽默也可消除人与人之间的陌生感或拘束情绪，在彼此的谈话中找到共同语言，意味着相处时会非常放松自在，这就是风趣幽默的功劳。

两个人谈话时，适当地加进些幽默的话语，或用上些幽默的小笑话，双方一同大笑，笑意味着你们拥有同一个世界，并且能共同对付另一个世界。

运用幽默还能适度和巧妙地表达自己的不满，提醒对方纠正。比如一个女孩子约会时老迟到，小伙子便将送她的鲜花改为塑料花。姑娘很纳闷，就问："你为什么改送塑料花了？我喜欢鲜花。"小伙子说："鲜花总是在我等你的时候就枯萎了。"

在这种善意的幽默中，姑娘是会认识到自己的过错的。

有一些女孩子，还常常接到自己不喜欢的异性的求爱。这时假如以幽默应对，也能达到既保全了对方的面子，又坚决地表达自己想法的目的。

（2）婚姻

婚姻生活中夫妻两个人会面对这样或那样的琐碎事情，彼此难免会有矛盾，风趣、幽默不仅会有效地制止矛盾，更能增进感情。

社会学家把是否有幽默感视为维系婚姻的关键环节。在他们开列的医治夫妻感情不和的处方中，第一味药便是"培养夫妻双方的幽默感"。

有位年轻的妻子，等丈夫回家等得有些不耐烦了。丈夫回家后，她嘟着嘴，不搭理他。丈夫没生气，也没解释，而是风趣地说："怎么，你想我想得心烦了？"妻子被丈夫逗得忍不住笑了，怨气也随笑而逝。

有一对老夫妻吵架后，彼此不再搭理对方。过了几天，先生忘记了吵嘴的不愉快，想和太太说话，可是太太就是不理他。

后来，先生在所有的抽屉、衣橱里到处乱翻，弄得老太太忍无可忍，她问道："你到底在找什么呀？"

"谢天谢地！"老先生说，"我总算找到你的声音了。"

只是一个很简单又巧妙的举动，就起到了很好的效果。

（3）家庭

在这里家庭主要指的是家长与孩子之间的关系。

培养教育子女是做父母的头等大事，不少家长用幽默来和他们的子女交往，使孩子更易感到父母的坦诚与平易。

有个男孩吵着要爸爸给他买把火炬，爸爸没有马上生硬地训斥孩子，而是温和地说："不行啊，这个月你的军费开支已经超过预算了，再买火炬，你妈妈就要发火了。”

在和子女的交往中，加进幽默，能使子女感到父母对他们的尊重，有利于培养孩子们的信心，使他们感到父母并不是居高临下地向他们发号施令，而是把他们当成朋友一样看待，增强了他们的平等意识、民主意识。专制棍棒下是无所谓幽默的，幽默是自由文明之花。

通过幽默来提醒、教育、帮助子女，比用别的方法更能令他们接受。

一位在外工作的年轻人，由于工作的原因已好久没有和家里联系了。一天半夜，刺耳的电话铃声搅醒了他的美梦。他不耐烦地拿起话筒，原来是母亲给他打来的电话，告诉他今天是他的生日，儿子有些恼火，说：“你深更半夜的打来电话就是为了告诉我这件事吗？”

“孩子，35年前的这个时候，是你把我折腾醒的。”母亲温和地说，孩子略有所悟。

运用幽默的方法，善意地表达出对子女的关心，也让子女认识到了自己的不孝。这样独特的提醒方式，做子女的是难以忘记的。

4. 工作中的风趣幽默

在人们的日常生活中，工作时间的比例是很大的。笑从口出，思绪也随着笑而更加敏捷。

有一家航空公司的工程师，每年依惯例要向飞行员简单介绍飞机性能的标准。工程师担心飞行员不会注意到他制作的统计图表，甚至怀疑有的飞行员不了解图表上曲线的含义。他灵机一动，就在曲线的一端画上耀眼的太阳，表示性能良好，曲线的另一端画雨云，表示性能差。

飞行员对他这一招非常喜欢，因而特别注意他的讲解，也从统计表图中学到了更多的东西。这位工程师用幽默达到了他的目的。

幽默不仅能有效地解决问题，而且还能改变工作中与上级、下属和同事的关系，这对你出色地完成工作是万不可少的。

有时，做错了事情，如果一本正经地去解释，领导可能不会谅解，如果用幽默的态度，效果反而很好。

杨杰所在公司的经理对下属非常严厉，公司员工都叫他雷公。

一天杨杰从外面回来，看到经理的位子是空的，以为他不在，就对同事说："雷公不在吗？"

说完发现屏风的另一边，经理正在与客户谈生意，经理听到了他的话。他坐立不安，以为大祸临头，客户走后，他来到了经理身边，惊恐地向经理道歉。没想到经理微笑道："我的雷声真的那么响吗？"

杨杰听了这句话，从此，再也不叫经理"雷公"了，因为他有了反省的机会。

由此可见，上司在责备下属时，最好在言语中带有幽默语气，面带笑容地说出来，这样一方面保住了对方的自尊心，又能达到责备的效果，这样下属就会更爱戴他。

办公室是工作的场所，营造良好的工作环境是十分必要的，如果你常给人们带来幽默，带来笑声，不仅可以活跃气氛，还可以赢得同事们的喜欢。比如可以用俏皮话与同事开玩笑："你们这些家伙够'快'的，才来一星期，工作进度已经落后一个月了。"可树立你幽默风趣、讨人喜欢的良好形象，为与同事们的相互支持、相互协调打下良好的基础。